Football Activity Book for Kids

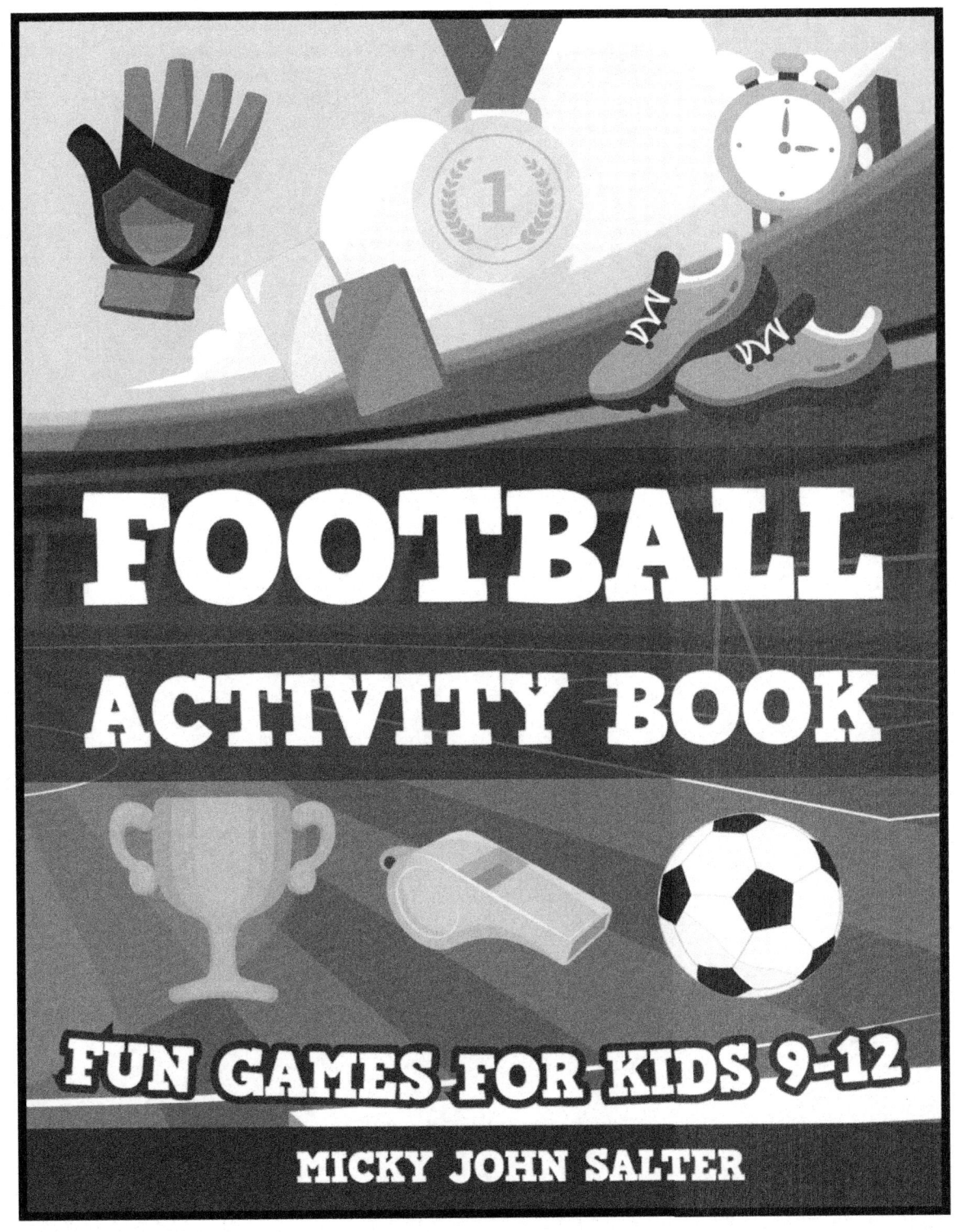

Football Activity Book for Kids

The Perfect Football Gift for Boys and Girls Including Colouring Pages, Word Search, Mazes and More Football Games

Can You Name These Positons?

4-4-2

Write Footballers Who Play With These Numbers

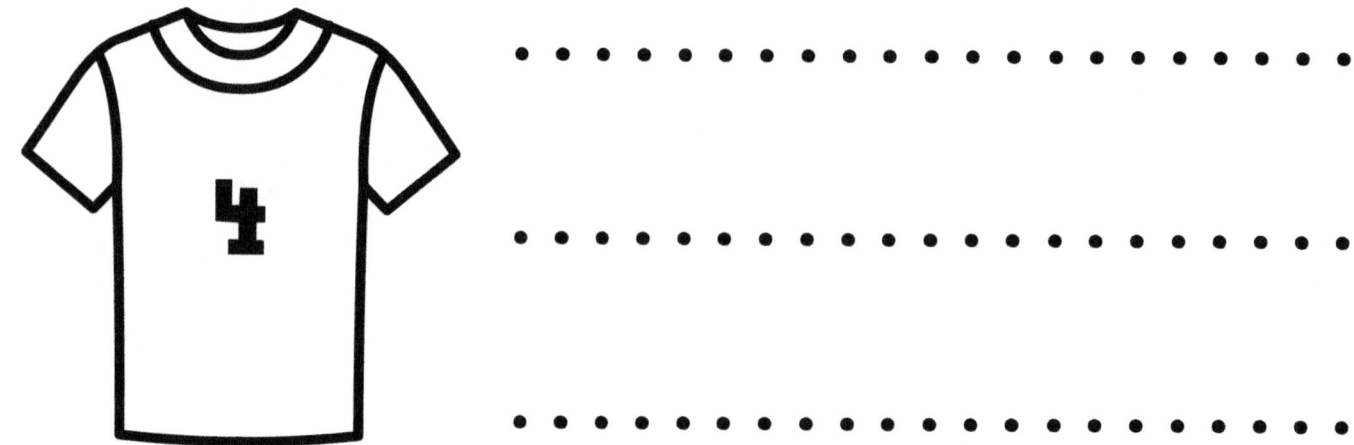

Advantage
Agility Ring
Anthem
Appeal

Armband
Assist
Away
Backheel

Ball
Ball Boy
Banner
Bench

❶ WORD SEARCH

```
G E N G V T E U V L H Q O Y I
M A B J C S X T D Z V C U T X
L U I M P A D V A N T A G E L
Q Z L A Y Y B A N N E R U D E
Y W N P V N V G T G B Y J K J
H Z Q K B Y A M H I A E C I W
V A Q J E A P P E A L U N D P
Z A Z O E R X K M P L O B C N
F B H S L M J O X V D R Q U H
E T Z M E B A C K H E E L X C
E G U K G A S W A B F D O K Y
G O D V O N S B A L L - B O Y
I E Z P X D I H M Y H K E K L
X X K Q Y J S Z G W L L I I T
H A G I L I T Y - R I N G T T
```

❷ WORD SEARCH

```
C E N T R E - B A C K S M G V
R P N V C H I E F - S C O U T
T C B O O K I N G H Y H M M P
P H H O R K F W Y G Q E S O E
V A U A O F M H I J I E Z G G
Q I C E N T R E - C I R C L E
S R H R H T S T L S T I R L Z
C M C A P S I M I M Y N G C T
R A A R W V I N J L Y G P D M
J N P J A S Y F G Q B N E Z V
M J T U C T V A W K O I T D M
Y A A K Z J Z T D O N B Y Q
T B I C Y C L E - K I C K R T
J H N H S X T W E N N A G P Q
Y T T T F W B R N J G R E F G
```

Bib
Bicycle-kick
Booing
Booking

Boots
Cap
Captain
Centre Circle
Centre-backs

Chairman
Chanting
Cheering
Chief Scout

Score a Goal

1

Double Puzzle

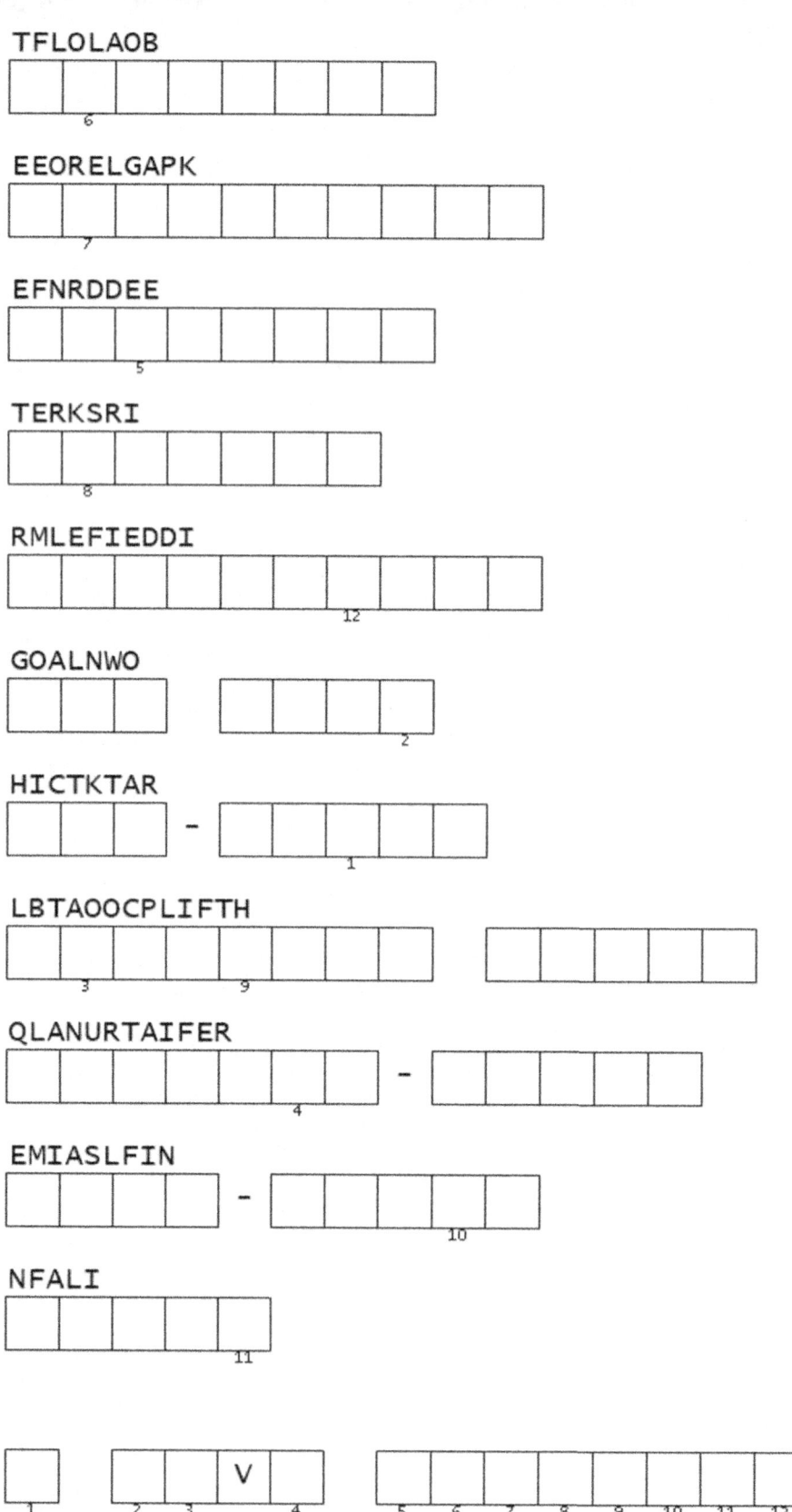

Fill Anagrams

1

A	B	C	D	E	F	G	H	I	J	K	L	M	N	O	P	Q	R	S	T	U	V	W	X	Y	Z

__ __ __   __ __ __ __ __ __ __   __ __ __ __
17 2 10 16 6 1 16 16 3 12 20 1 6 20

2

A	B	C	D	E	F	G	H	I	J	K	L	M	N	O	P	Q	R	S	T	U	V	W	X	Y	Z

__ __ __   __ __ __ __ __ __
12 17 20 15 8 5 25 19 8

3

A	B	C	D	E	F	G	H	I	J	K	L	M	N	O	P	Q	R	S	T	U	V	W	X	Y	Z

__ __ __   __ __ __ __ __ __ __
17 9 14 14 12 7 21 17 16 8 4

4

A	B	C	D	E	F	G	H	I	J	K	L	M	N	O	P	Q	R	S	T	U	V	W	X	Y	Z

__ __ __   __ __ __ __ __ __ __
10 25 24   3 18 21 1 19 9 6

5

A	B	C	D	E	F	G	H	I	J	K	L	M	N	O	P	Q	R	S	T	U	V	W	X	Y	Z

__ __ __   __ __ __ __ __ __ __ __ __ __   __ __ __ __   __ __ __ __
19 3 10 26 23 14 6 26 8 10 13 11 8   25 2 10 10   26 15 6 26

Quiz

1. Who has scored the most goals in one season in England?

....

2. From which city was the English champion in the 2021/22 season?

....

3. How many stadiums are in London?

....

4. When did the offside rule start in football?

....

Football Fun Fact #1
The only football team Brazil never defeated is Norway. Norway has played 4 matches against Brazil and came out victorious twice and two times the matched ended up in a draw.

Across

5. a small, high-pitched device blown by the referee to signal stoppage or restart of play in football
6. two periods of 15 minutes each played when a game ends in a draw after normal time
8. an illegal action punishable by a free kick or penalty kick
9. finish a game with an even score
10. law requiring at least two defenders to be between an attacker and the goal line when the ball is passed to the attacker

Down

1. a player whose main role is to prevent the opposition from scoring
2. to deliberately fall over when tackled in order to deceive the referee into awarding a free kick
3. a free kick taken from one of the corners of the pitch
4. an instance of kicking or heading the ball into the goal
7. a free kick taken from one of the corners of the pitch

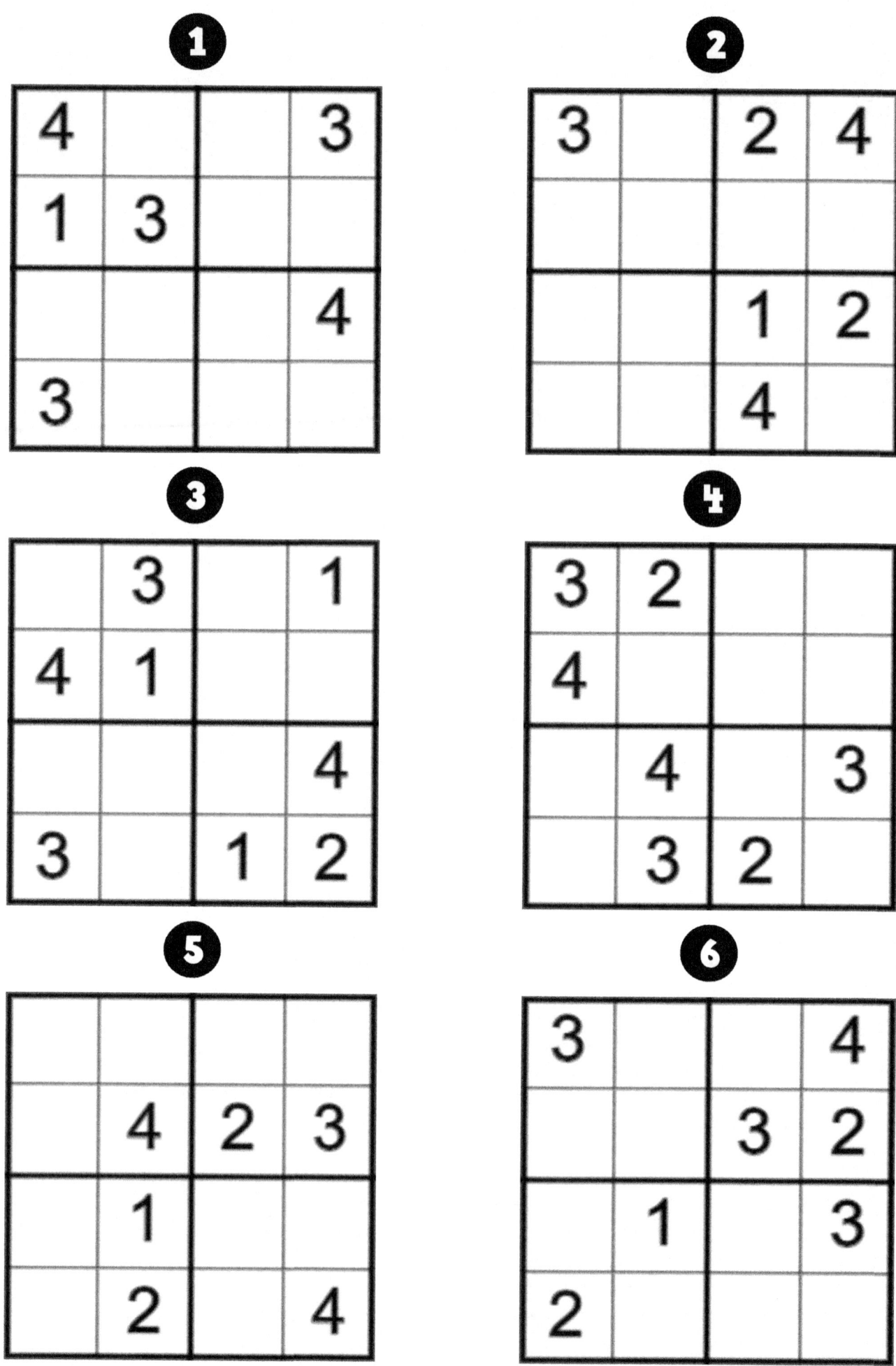

Design Your Own Kits

Home   Third Kit

Away   Goalkeeper Kit

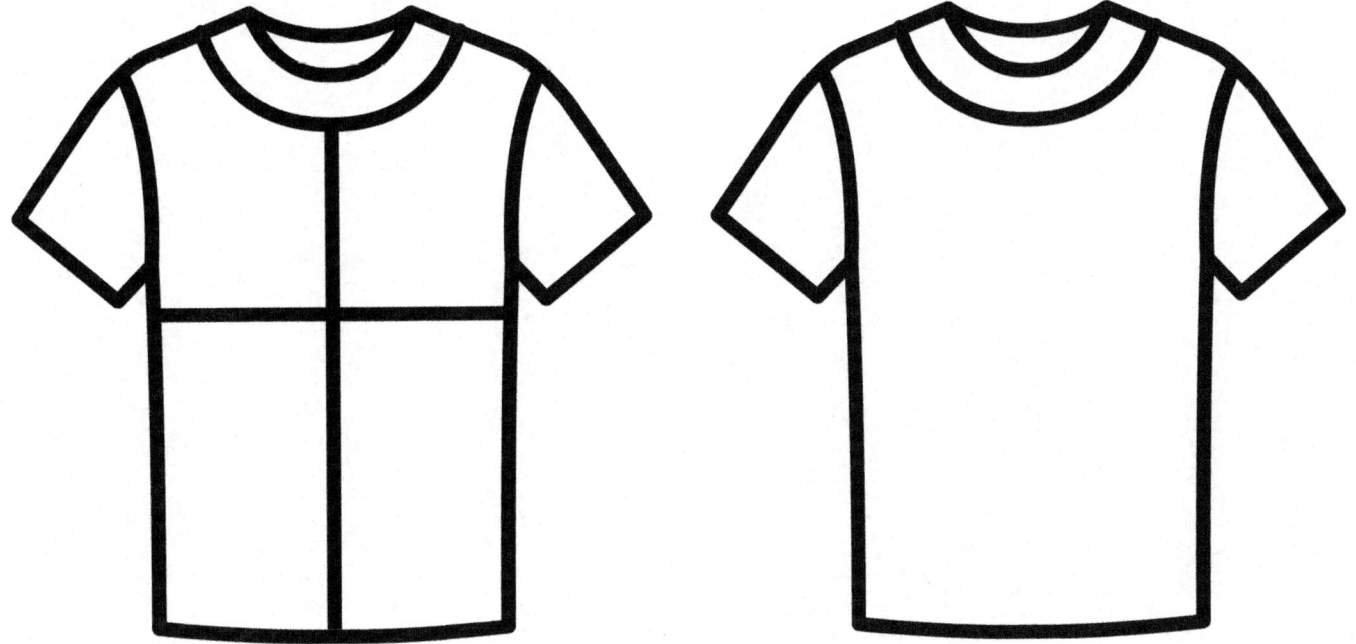

Write Down 10 Reasons Why You Love Football

1 ....

2 ....

3 ....

4 ....

5 ....

6 ....

7 ....

8 ....

9 ....

10 ....

FALLEN PHRASE PUZZLE

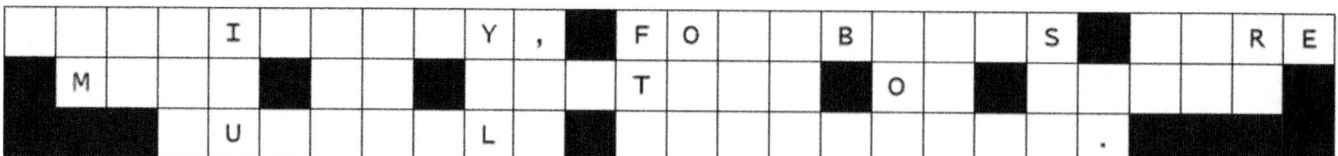

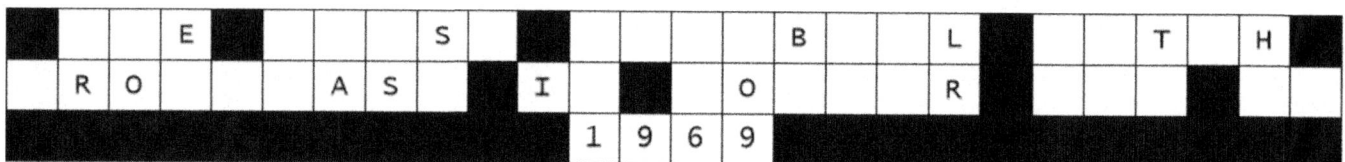

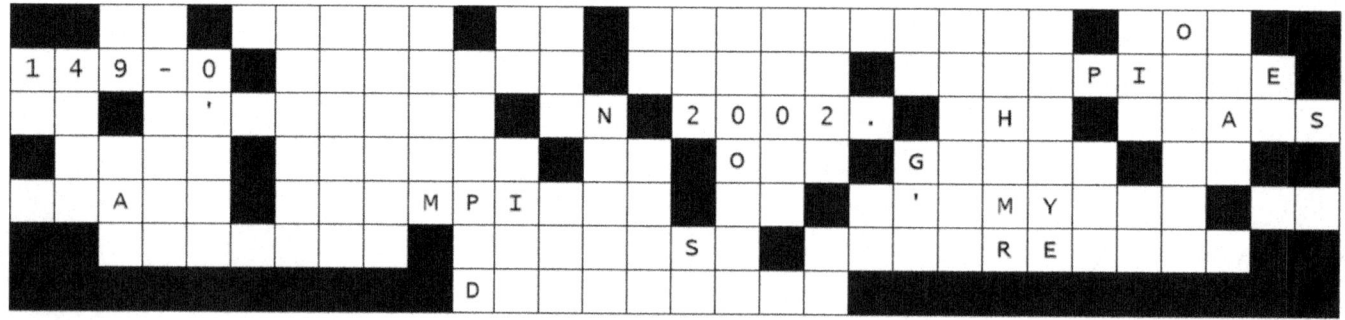

Football Fun Fact #2

England has hosted and won the World Cup once!

Draw and Copy

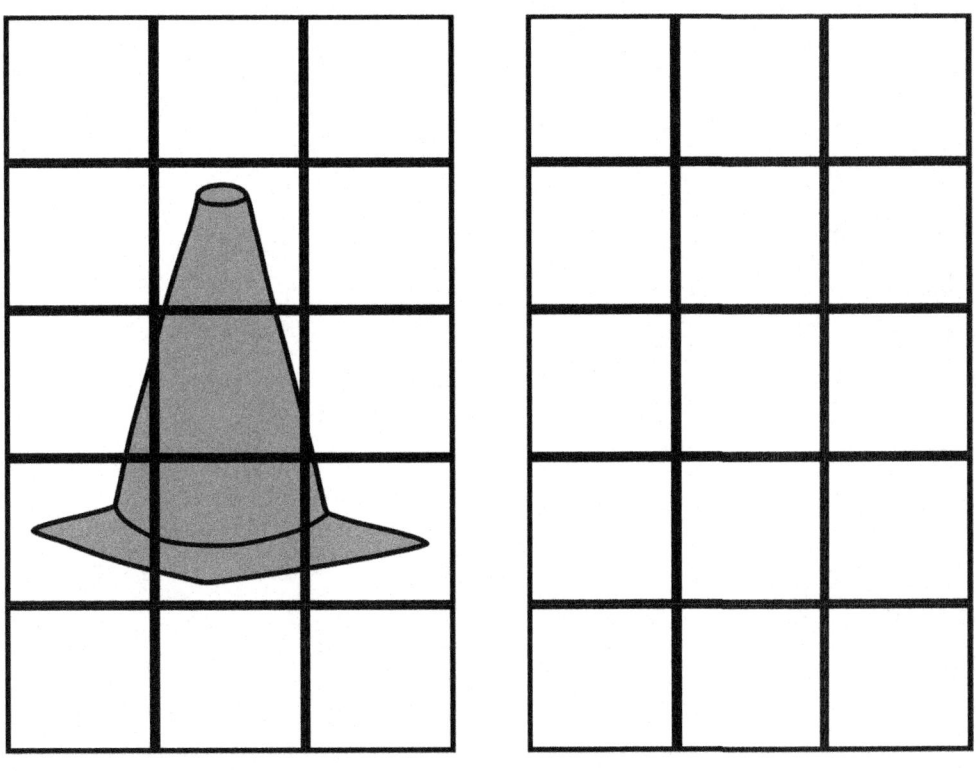

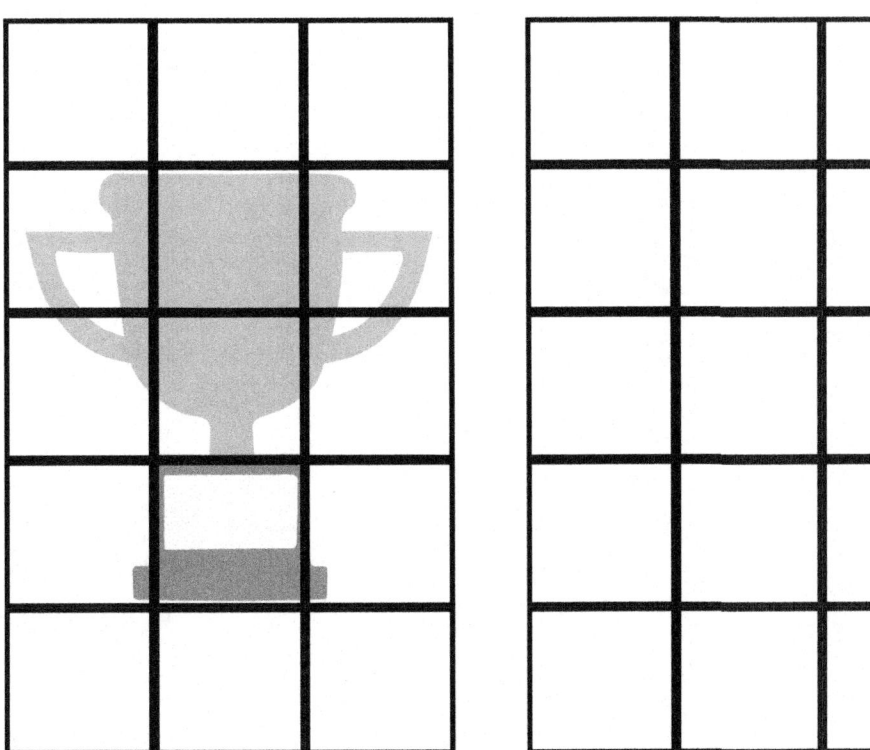

Clapping
Clean Sheet
Clearance
Clipboard

Club Doctor
Club Shop
Coach
Coin-toss

Commentary Box
Cone
Corner
Cross

③ WORD SEARCH

```
Y B R U O B W C F R C K C F S
O Y L V M Z C L R B L K O K Z
U O C L E A R A N C E K M M F
K G L O T Y O P V L A F M T A
U D U Y N Y S P Q I N D E V H
Y D B X X E S I P P - Z N E Q
S L - Q C O C N X B S G T E P
R V D L Q L G G X O H J A F K
A J O B C S U K H A E O R S K
L M C P O Q K B C R E C Y G J
P F T Y R X C W - D T U - J Y
I C O I N - T O S S K Q B R F
O R R F E Z U P A Z H B O I Z
K C U R R Z B K I C N O X A O
T A L D M G I L Z E H B P D F
```

④ WORD SEARCH

```
G V D D Y D R I B B L E C Q X
L E R E L R T W L N Q R N C W
I R E F Y O C U P T H M Q S G
I G S E H P I R K A L X G S O
G F S N J - K N O E V Y N J L
F L I S A B H Z N S N O L M Y
R D N I Y A D E K M S L C T L
U N G V Q L E I C H N B F D R
R F - E W L F W V A W H A D C
B X R - K S E H B I H O G R L
I T O W J N K Q A S L X A K
E R O A Z H D K U V T I U W H
Y H M L C J E J F J S M O L I
D R I L L S R O B D I V I N G
C D E R B Y X J H D U G V O Z
```

Crossbar
Cup
Defender
Defensive Wall

Derby
Diving
Division
Draw

Dressing Room
Dribble
Drills
Drop-ball

Name English Footballers Who Play On This Position

 **Striker**

....

....

....

Midfielder

....

....

....

Defender

Goalkeeper

Find Matching Shadows

2

ORCERN ⬜⬜⬜⬜⬜⬜
           10

SROCS ⬜⬜⬜⬜⬜
          11

BDEIRLB ⬜⬜⬜⬜⬜⬜⬜
              5 9

ETMETAIRX ⬜⬜⬜⬜⬜   ⬜⬜⬜⬜
                12   4

LAFU ⬜⬜⬜⬜
      1 6 7

IKKC ⬜⬜⬜⬜

PSSA ⬜⬜⬜⬜
          13

QCUNIOFIITAAL ⬜⬜⬜⬜⬜⬜⬜⬜⬜⬜⬜⬜⬜
                    8   3

DADERCR ⬜⬜⬜   ⬜⬜⬜⬜

CWDREYLLOA ⬜⬜⬜⬜⬜⬜   ⬜⬜⬜⬜
                2

⬜⬜⬜⬜⬜⬜⬜⬜   ⬜⬜⬜⬜⬜
1 2 3 4 5 6 7 8   9 10 11 12 13

Football Fun Fact #3

England once scored 13 goals in 1 game!

Offside or not?

1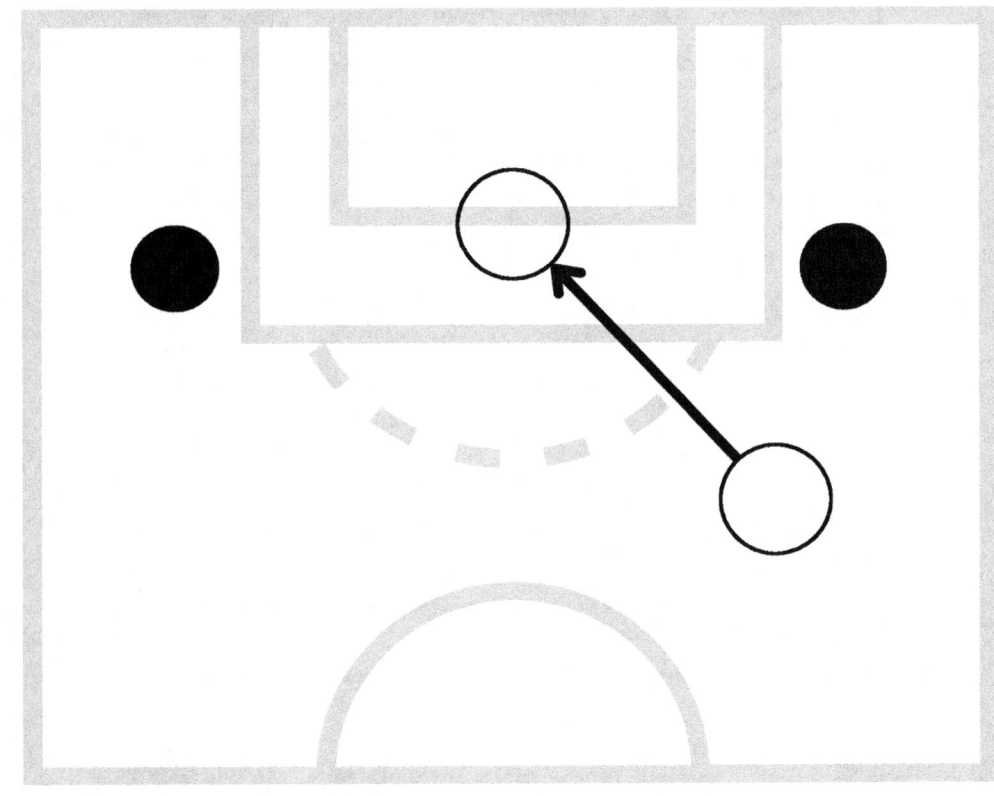

2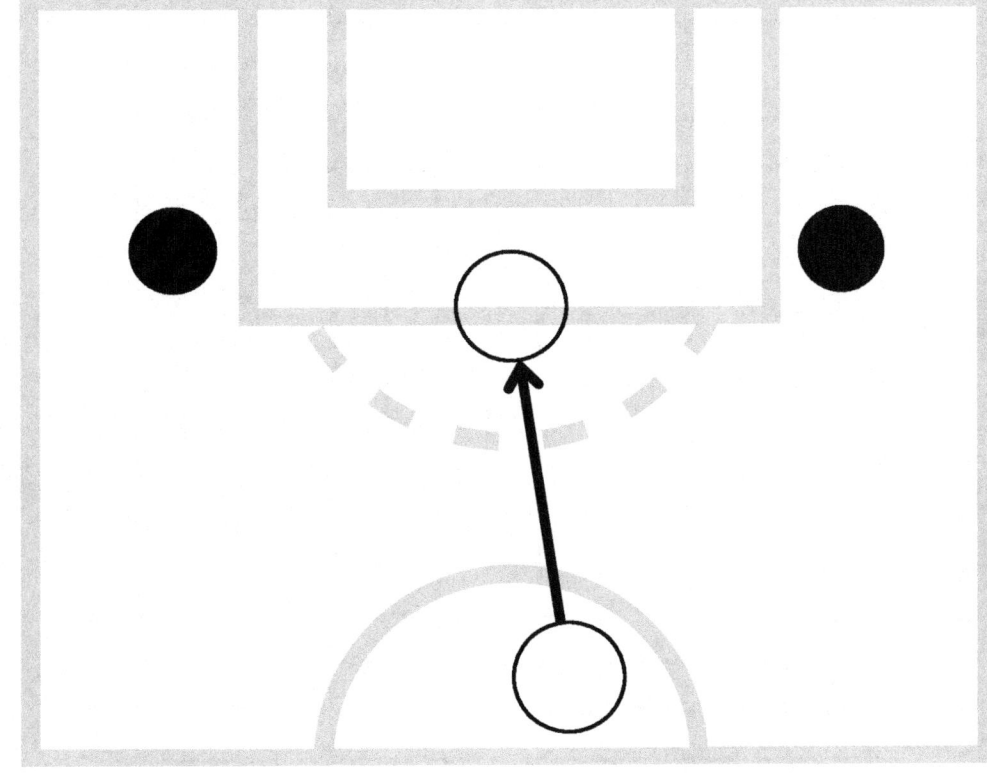

② Pass The Ball

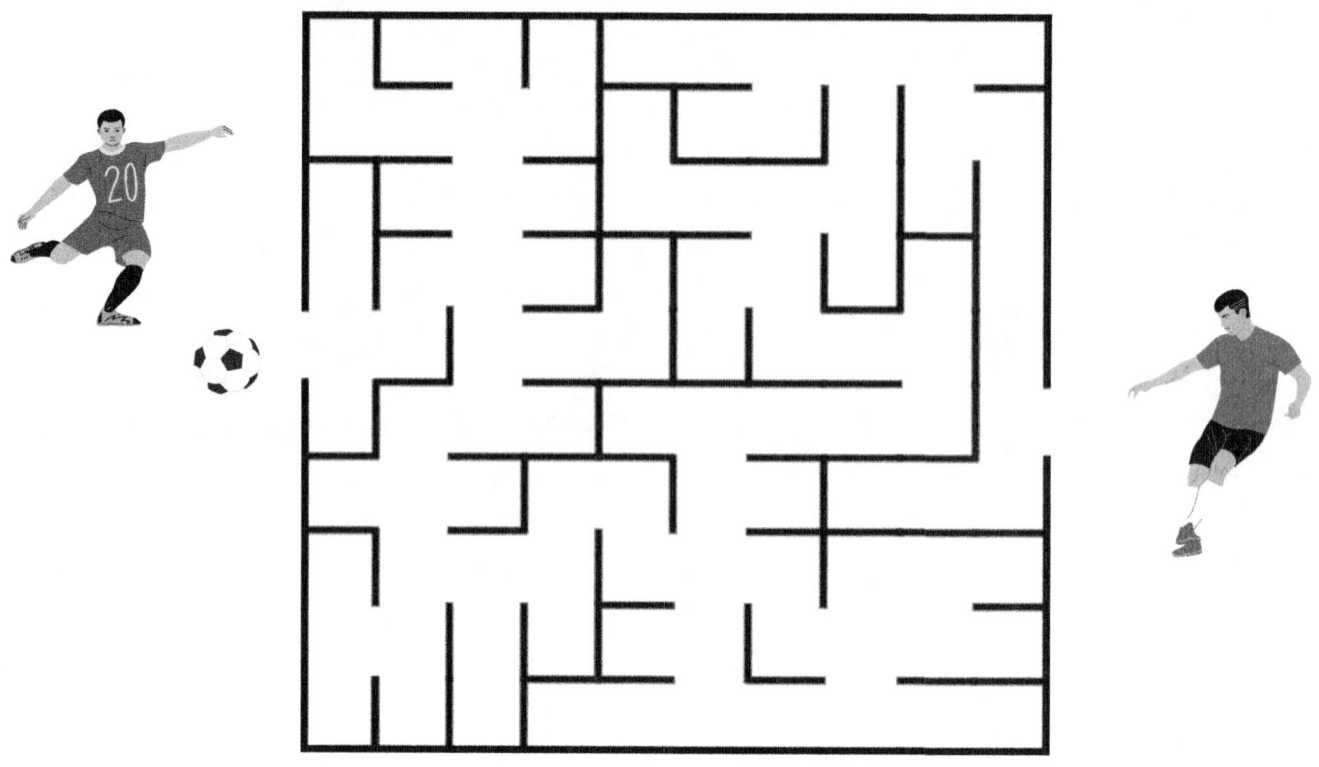

Lead Player to the Trophy

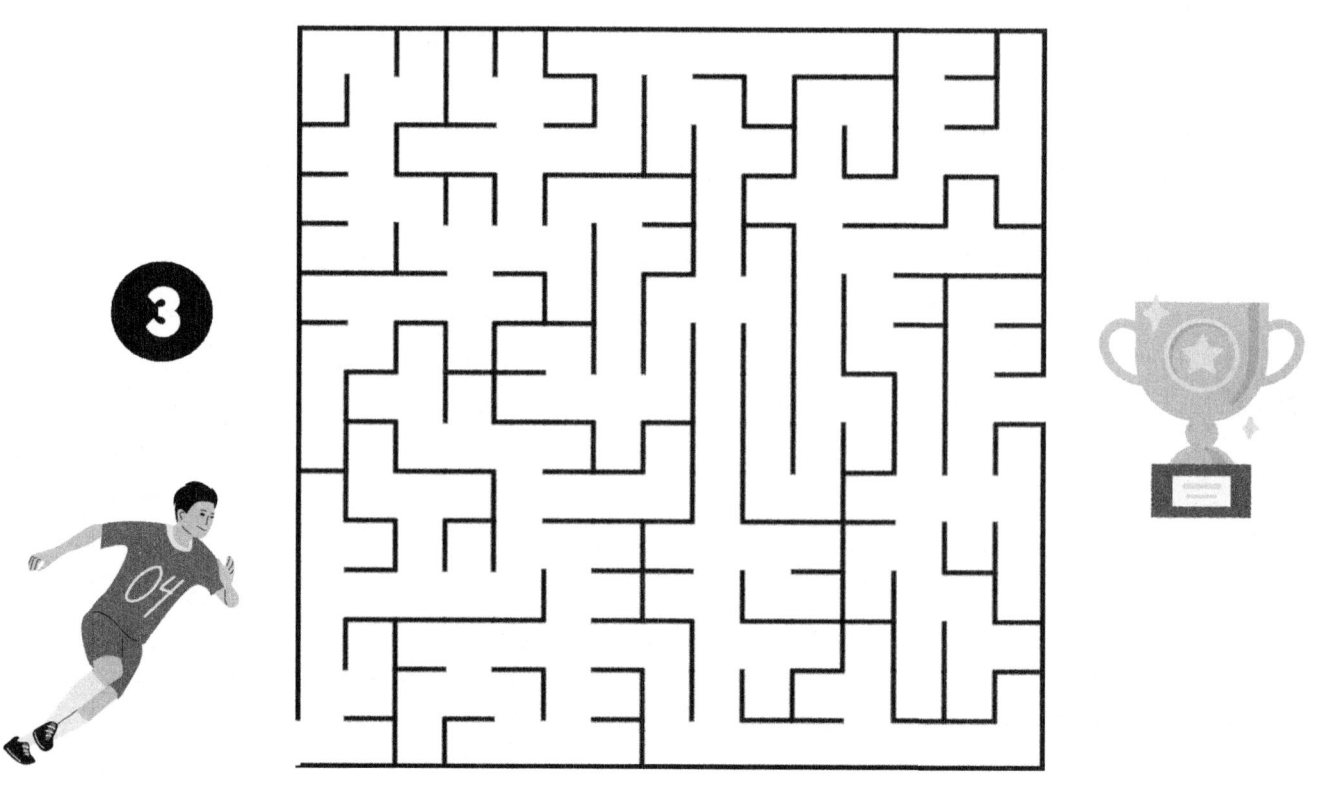

Quiz

5. How many trophies has the most successful coach in history won?

....

6. What is the top English league called?

....

7. How many lions are on the England badge?

....

8. How long is one half of football game?

....

9. How many yellow cards you have to get to get a red card?

....

10. What is an overhead kick also know as?

....

11. Which famous English knockout competition is also the oldest cup tournament in the world?

....

12. How many teams are there in the first English league?

....

13. What do footballers wear beneath their socks to protect their ankles and lower legs from injury?

....

14. Can you name the record goalscorer for the England national team?

....

15. What word is used to describe a match between two local rival teams?

....

16. What is a football pitch usually grown from?

....

Across
2. the playing field
8. the two shorter boundaries, one at each end of the pitch, on which the goals are placed
10. the most severe punishment given by a referee, in which the player is sent off the pitch
11. official who runs one of two touchlines and advises the referee, especially on offside decisions

Down
1. area near each goal in which the goalkeeper may handle the ball, and a foul is punished by a penalty kick
2. to kick or head the ball to another player on one's own team
4. a foul committed by touching the ball with a hand or an arm
5. a player whose task is to prevent the ball from entering the goal and the only player who can touch the ball with their hand during the match
6. a group of sports clubs that play each other for a championship, such as the English top-flight football competition
7. a player whose role is to score goals
9. to try to score a goal

Colour Football Items

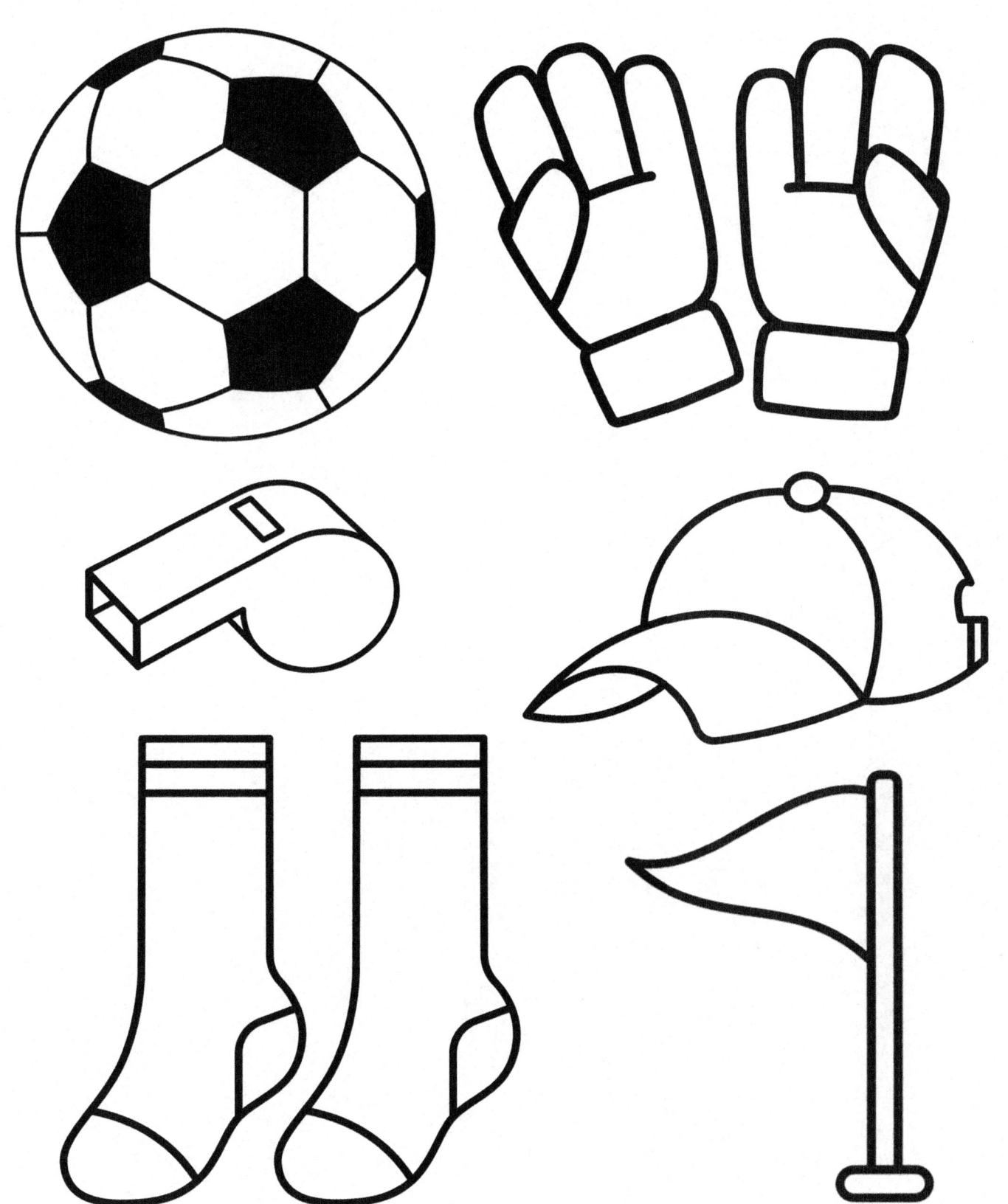

Create Your Favourite Team

_____

_____   _____   _____

_____   _____

_____   _____   _____   _____

_____

4 - 2 - 3 - 1

7

1	4	2	6	5	3
5	6	3		1	2
	1	5			6
2		6	1	4	
	2	1		6	4
	5	4		2	1

8

5				1	
1			6	4	
	4				3
	5	6	1	2	4
	2	5			1
	1	3	2		6

9

6	5	4	2	1	
				5	6	4
		5	3	2	1
1	2	3	6	4	
	4	6	1	3	2
	3	1	4		6

10

	4	5		1	
				4	
5	1	2			3
	6	3		5	1
	3			2	6
2	5	6	1		

11

	2		5	4	
		1			
3		2		6	5
	6	5	1	2	3
2			3		
1	3		2		6

12

	6	5	4	2	3
2	3		1		6
		2		4	
				3	2
5				1	4
4	1		6		

Fill Anagrams

6
A	B	C	D	E	F	G	H	I	J	K	L	M	N	O	P	Q	R	S	T	U	V	W	X	Y	Z

    ‾13‾ ‾2‾ ‾1‾   ‾11‾ ‾24‾ ‾18‾ ‾4‾ ‾7‾ ‾15‾ ‾18‾ ‾12‾   ‾3‾ ‾15‾ ‾24‾ ‾3‾

7
A	B	C	D	E	F	G	H	I	J	K	L	M	N	O	P	Q	R	S	T	U	V	W	X	Y	Z

    ‾18‾ ‾3‾ ‾6‾   ‾26‾ ‾14‾ ‾17‾ ‾6‾ ‾17‾ ‾22‾ ‾14‾

8
A	B	C	D	E	F	G	H	I	J	K	L	M	N	O	P	Q	R	S	T	U	V	W	X	Y	Z

    ‾1‾ ‾10‾ ‾21‾   ‾14‾ ‾1‾ ‾21‾ ‾23‾   ‾16‾ ‾2‾ ‾21‾ ‾7‾

9
A	B	C	D	E	F	G	H	I	J	K	L	M	N	O	P	Q	R	S	T	U	V	W	X	Y	Z

    ‾20‾ ‾7‾ ‾21‾   ‾3‾ ‾13‾ ‾16‾ ‾23‾   ‾7‾ ‾21‾ ‾21‾ ‾2‾

10
A	B	C	D	E	F	G	H	I	J	K	L	M	N	O	P	Q	R	S	T	U	V	W	X	Y	Z

    ‾18‾ ‾23‾ ‾2‾ ‾20‾   ‾4‾ ‾1‾ ‾17‾ ‾12‾ ‾12‾ ‾20‾ ‾23‾

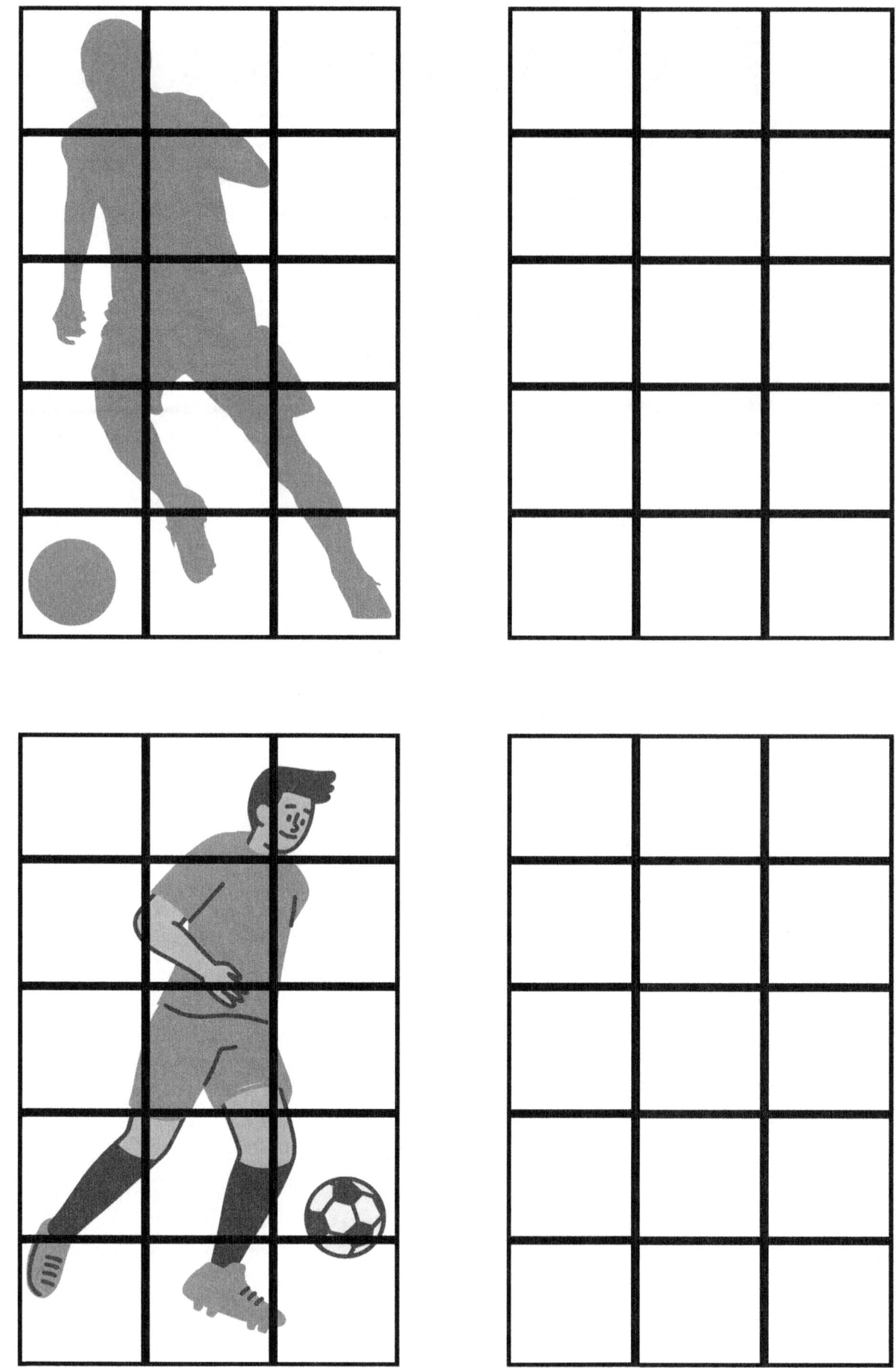

FALLEN PHRASE PUZZLE

4.

5.

6.

7.

Quiz

17. How high is a full-size goal post?

....

18. How many players are there on the pitch during a game (in two teams)?

....

19. What is the common term used for footwear in football?

....

20. How does a football game start?

....

21. What is it called when a player without the ball on the offensive team is behind the last defender or fullback?

⋯⋯⋯⋯⋯⋯⋯⋯⋯⋯⋯⋯⋯⋯⋯⋯⋯⋯⋯⋯⋯⋯⋯⋯⋯⋯⋯⋯⋯⋯⋯⋯⋯⋯⋯⋯

22. The referees on the touchlines are technically called what?

⋯⋯⋯⋯⋯⋯⋯⋯⋯⋯⋯⋯⋯⋯⋯⋯⋯⋯⋯⋯⋯⋯⋯⋯⋯⋯⋯⋯⋯⋯⋯⋯⋯⋯⋯⋯

23. The goalie cannot pick the ball up outside of which metre area?

⋯⋯⋯⋯⋯⋯⋯⋯⋯⋯⋯⋯⋯⋯⋯⋯⋯⋯⋯⋯⋯⋯⋯⋯⋯⋯⋯⋯⋯⋯⋯⋯⋯⋯⋯⋯

24. How many blows of his whistle does the referee give to signify the end of the game?

⋯⋯⋯⋯⋯⋯⋯⋯⋯⋯⋯⋯⋯⋯⋯⋯⋯⋯⋯⋯⋯⋯⋯⋯⋯⋯⋯⋯⋯⋯⋯⋯⋯⋯⋯⋯

25. Exactly how far away from the goal line is the penalty spot?

....

26. If a defender passes back to his own goalkeeper and he handles it with his hands, what kick is awarded?

....

27. What size are goalposts that are used in a professional match?

....

28. What size ball is used in professional soccer matches?

....

Design Your Badge

Football Math

Total Shots	17	Total Shots	23
Shots on Target	8	Shots on Target	_
Shots off Target	_	Shots off Target	9

Total Shots	_	Total Shots	11
Shots on Target	9	Shots on Target	3
Shots off Target	18	Shots off Target	_

Total Shots	_	Total Shots	31
Shots on Target	8	Shots on Target	13
Shots off Target	14	Shots off Target	_

Football Fun Fact #4

Longest penalty shootout ended after 54 penalties.

Calculate Points

W	D	L		38 matches
29	6	3	.... PTS	
28	8	2	.... PTS	
21	11	6	.... PTS	
22	5	11	.... PTS	
22	3	13	.... PTS	
16	10	12	.... PTS	
16	8	14	.... PTS	
14	10	14	.... PTS	
12	15	11	.... PTS	
15	6	17	.... PTS	
13	10	15	.... PTS	

11	15	12	.... PTS
13	7	18	.... PTS
13	6	19	.... PTS
9	13	16	.... PTS
11	6	21	.... PTS
9	11	18	.... PTS
7	14	17	.... PTS
6	5	27	.... PTS
5	7	26	.... PTS

W - 3 PTS

D - 1 PTS

L - 0 PTS

Offside or not?

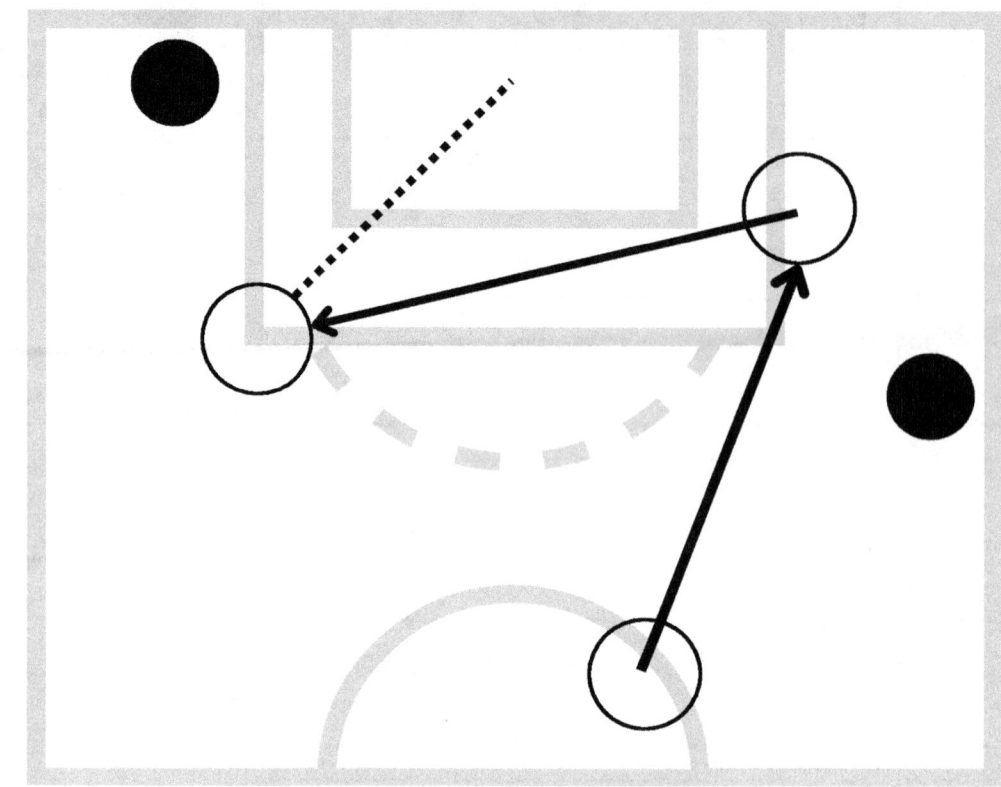

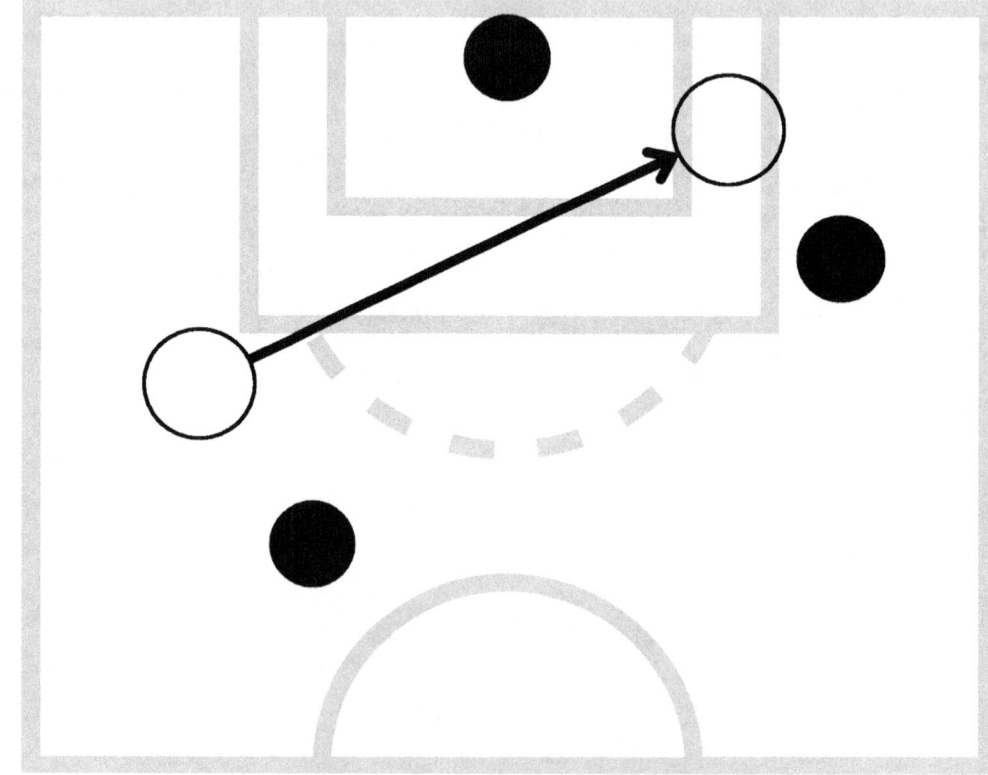

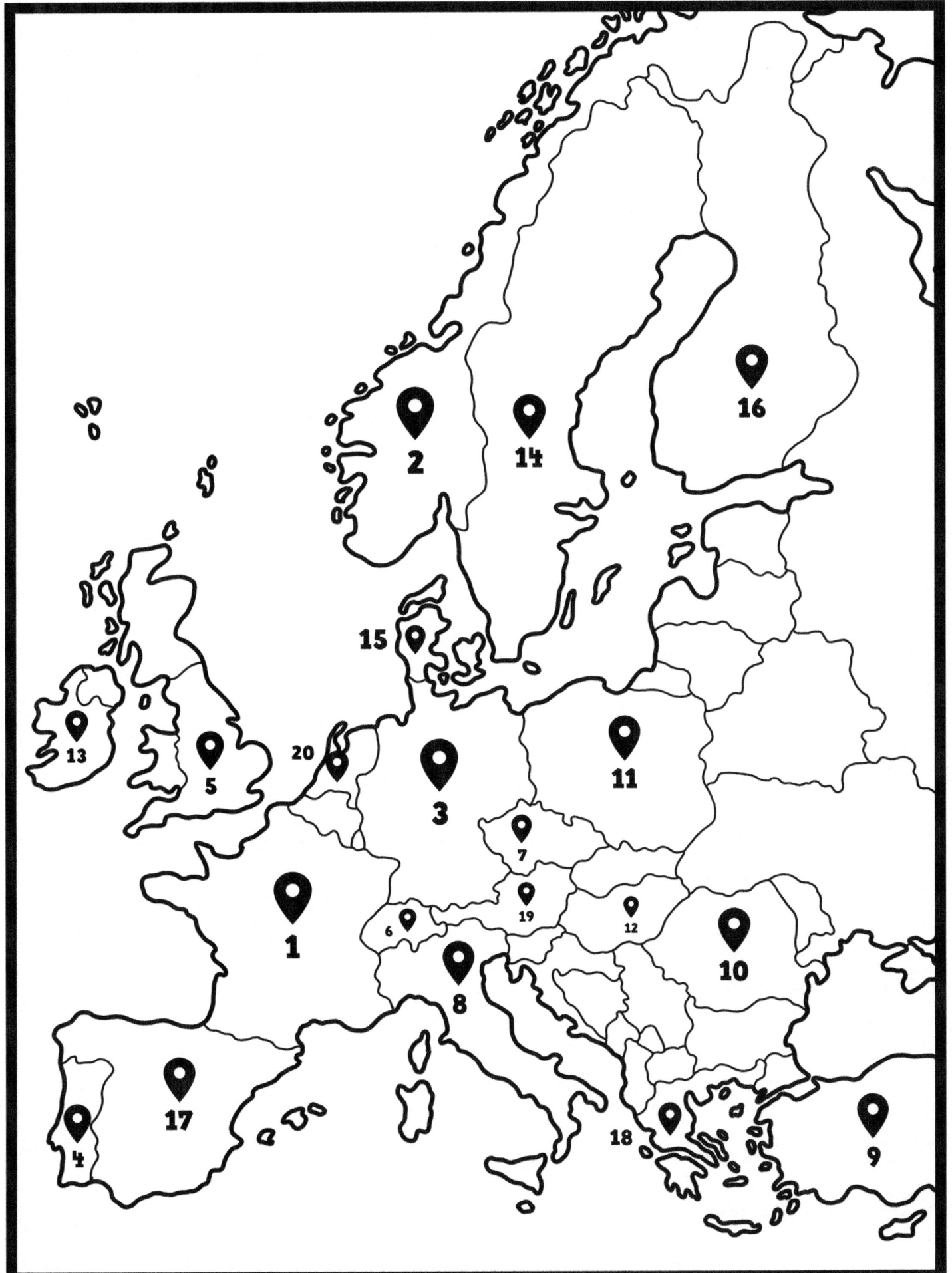

Type the names of countries below

1) ....
2) ....
3) ....
4) ....
5) ....
6) ....
7) ....
8) ....
9) ....
10) ....
11) ....
12) ....
13) ....
14) ....
15) ....
16) ....
17) ....
18) ....
19) ....
20) ....

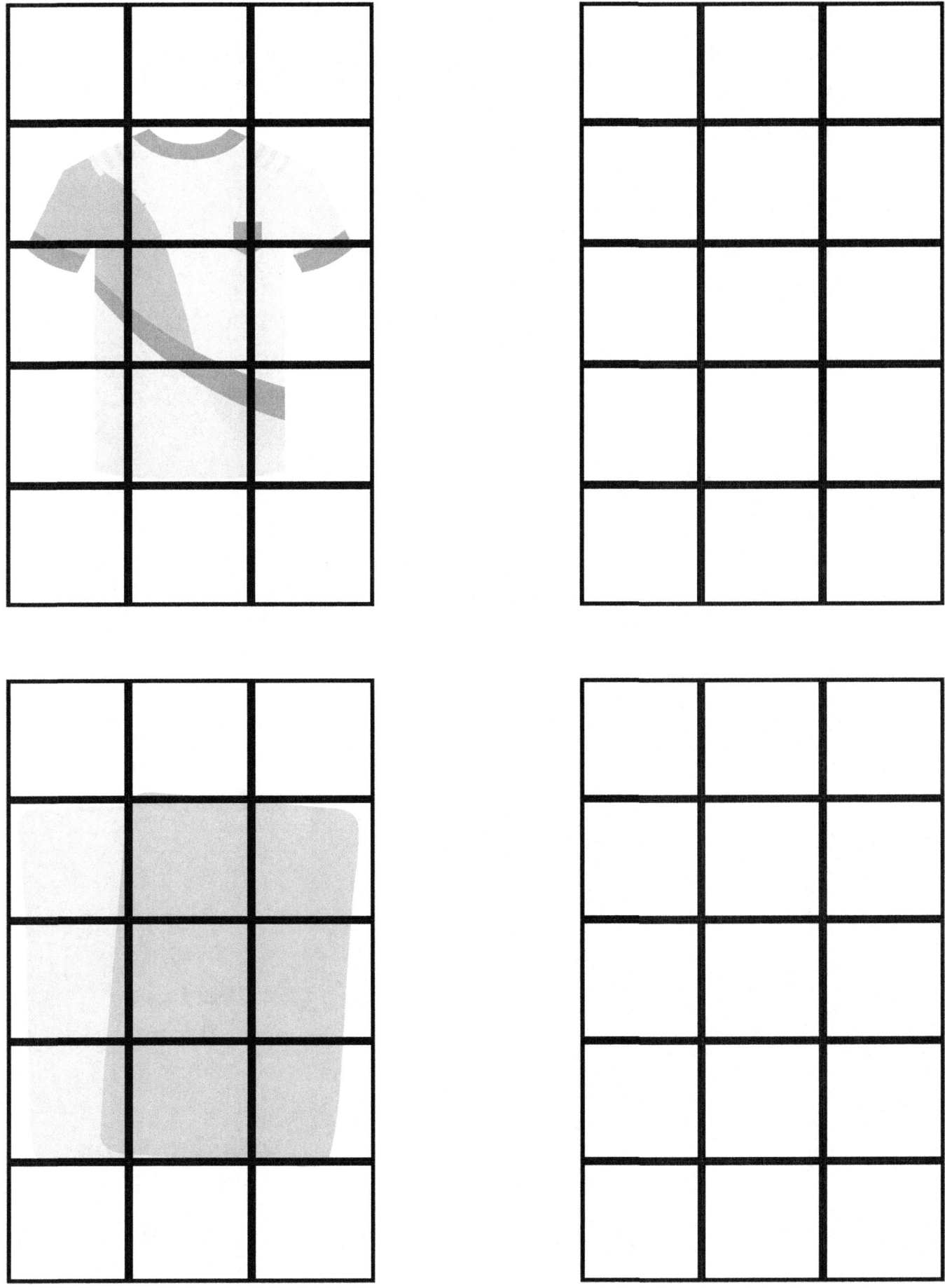

Clapping
Clean Sheet
Clearance
Clipboard

Club Doctor
Club Shop
Coach
Coin-toss

Commentary Box
Cone
Corner
Cross

⑤ WORD SEARCH

Y B R U O B W C F R C K C F S
O Y L V M Z C L R B L K O K Z
U O C L E A R A N C E K M M F
K G L O T Y O P V L A F M T A
U D U Y N Y S P Q I N D E V H
Y D B X X E S I P P - Z N E Q
S L - Q C O C N X B S G T E P
R V D L Q L G G X O H J A F K
A J O B C S U K H A E O R S V
L M C P O Q K B C R E C Y G J
P F T Y R X C W - D T U - J Y
I C O I N - T O S S K Q B R F
O R R F E Z U P A Z H B O I Z
K C U R R Z B K I C N O X A O
T A L D M G I L Z E H B P D F

⑥ WORD SEARCH

G V D D Y D R I B B L E C Q X
L E R E L R T W L N Q R N C W
I R E F Y O C U P T H M Q S G
I G S E H P I R K A L X G S O
G F S N J - K N O E V Y N J L
F L I S A B H Z N S N O L M Y
R D N I Y A D E K M S L C T L
U N G V Q L E I C H N B F D R
R F - E W L F W V A W H A D C
B X R - K S E H B I H O G R L
I T O W J N N K Q A S L X A K
E R O A Z D K U V T I U W H
Y H M L C J G F J S M O L I
D R I L L S R O B D I V I N G
C D E R B Y X J H D U G V O Z

Crossbar
Cup
Defender
Defensive Wall

Derby
Diving
Division
Draw

Dressing Room
Dribble
Drills
Drop-ball

Equaliser
Extra-time
Face Paint
Fan

Fans
Final
First-team
Fitness

Fixtures
Flag
Foot Ladder
Formation

❼ WORD SEARCH

```
B T G R W S A X T J T T P X H
Y G R E G G A O R C O K A Q E
E F F O O T - L A D D E R D S
E O Z F K J J J F J R Q X F M
G R H W U N E C U W A U F F O
P M H H Z F A C E - P A I N T
H A P F Q I A A K F Y L N B O
F T W I V X B N W L J I A Q L
Q I I D E T V Q F A N S L Z A
X O T I Z U Z W U G B E B F C
C N R N P R L V J U G R R W H
T Z R O E E X T R A - T I M E
D Z F I R S T - T E A M Z E V
M Y G P D B S Z B S C G T V U
G Z W E M U K O Z D T D J I L
```

❽ WORD SEARCH

```
V O A U V W E J R X K V W L Z
I R U T E X C S W A O C M F E
K N H B N W V O W V O F O U L
P N Z V G K R G Y Q I H L L J
C S V D T G U S E H F K C L T
I P D T U Y F O K D R W Q - P
X V F U L L - T I M E N N B C
F F G O A L K E E P E R W A S
L G O O D Z L D O T - X I C R
L L A R A G O A L - K I C K E
R O L T W L I N E I I R U S X
N V J F E A U R P Z C N D J Y
E E Q F R F B W M K D I R J
L S F R I E N D L I E S R B L
K L Y O E T Q P V Q X U N A Y
```

Forward
Foul
Free Kick
Friendlies

Full Time
Full-backs
Gate
Gloves

Goal
Goal Kick
Goal Line
Goalkeeper

13

7	4			3	8	6	1	2
		2	4					
			7		2	4		3
4	7	1		9				
	9			8	4	3	7	1
3						9	5	4
1		7				8		6
	6		8		7	5	4	9
9			6	2				

14

	3				7			
7	5	1	6		8	9	3	
8	9		3	1	5	7		6
		9	4		1	8	6	7
	6				2	5	4	1
	1			7	6			3
	4							8
		6	2					
9			1	8	4		5	

15

8	6							1
		5	9	4		6		
	9		8		2			
	2	1		5	8		7	
6		8			9	1		4
				1		2	6	
	4	9						7
				3				
2					5	4		

16

	2	6					8	
				1				
						6	4	9
6			8			2		7
7	9				4	3	1	8
	3			5			9	
	5			2				
	4	7	3		1	8		
3	6							2

17

2				8		5		3
7				2	9	4		
8						7	1	2
		2		9	6			
		3	8			2	6	
		1		5				9
		7	9		5		2	
	2							
			6			3	5	

18

	8		3		4			
		4						7
3					9	8	2	
				3		2		9
			8	6			7	3
6		5		7	3			
	7	8		2				
							4	

Football Fun Fact #5

The game of football has been around since at least 2,000 years in China but the version we know today has been traced back to England.

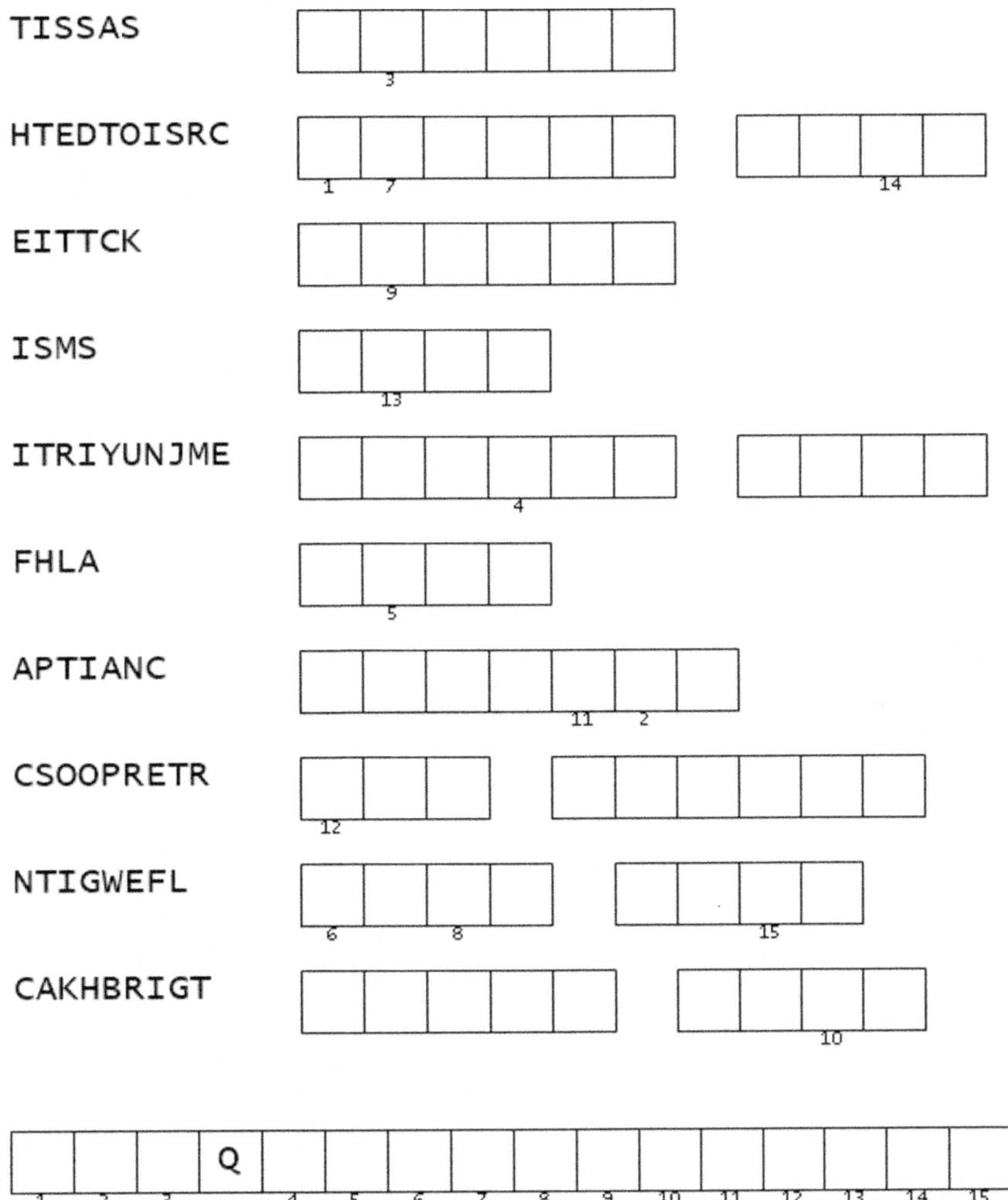

Score a Goal

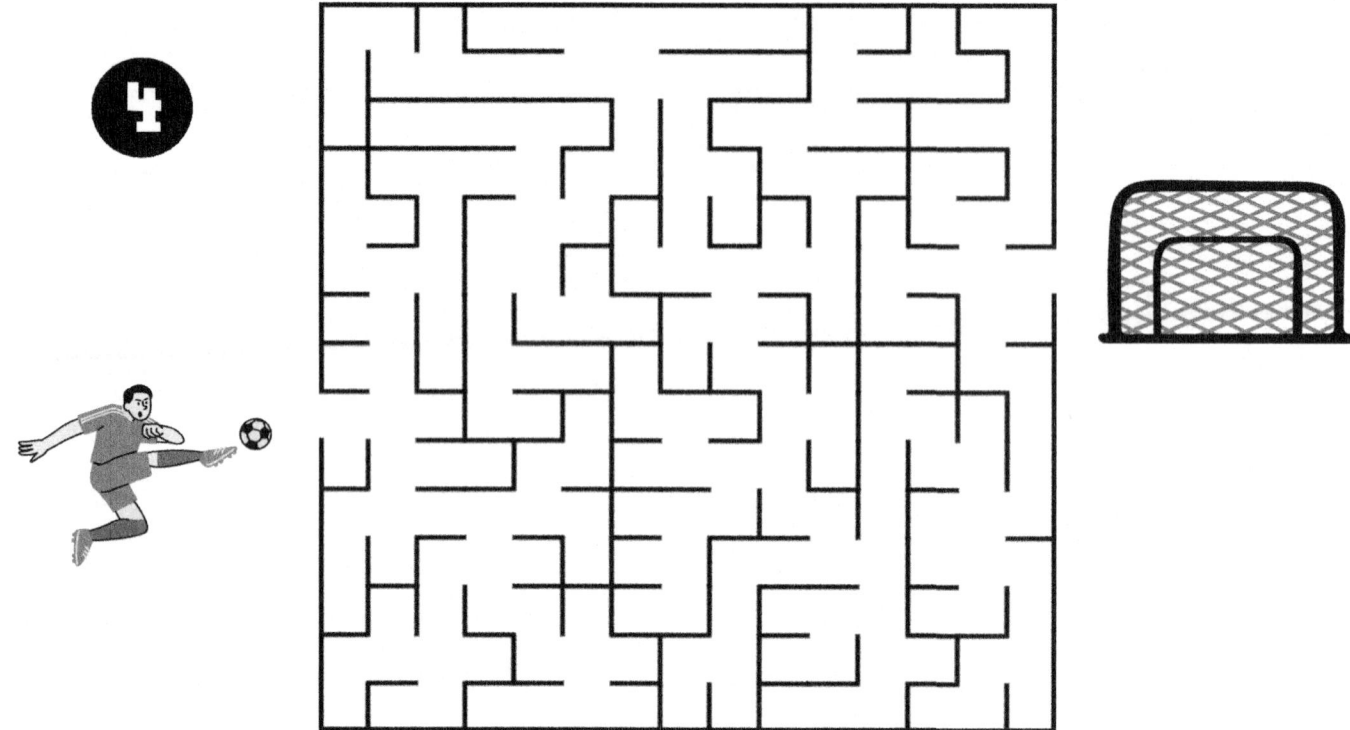

Give Player Yellow Card

Football Fun Fact #6

Football is played by 250 million players in over 200 countries.

Across
2. the two long boundaries along each side of the pitch
5. a best-of-five penalty kick contest held to find a winner when a game is still tied after extra time
7. ... is when a player scores two goals in a single match
8. relating to a carefully planned strategy to win
10. a warning issued to a player for a serious foul, two of which result in a red card and sending off

Down
1. to put the ball back into play after it has crossed the touchline by throwing it, usually to a teammate
3. to replace one player with another player
4. a line of players forming a barrier to block a free kick taken near the penalty area
5. a direct free kick taken from the penalty spot, awarded for a foul committed in the penalty area
8. to challenge a player for the ball

FALLEN PHRASE PUZZLE

Calculate Points

W	D	L	38 matches
27	5	...	.... PTS
...	11	6	.... PTS
20	...	9	.... PTS
...	10	...	67 PTS
20	...	12	.... PTS
19	8	...	.... PTS
18	8	...	62 PTS
...	7	13	.... PTS
...	5	15	59 PTS
17	8	...	.... PTS
...	7	15	.... PTS

12	...	17	45 PTS
12	...	17	45 PTS
...	8	18	.... PTS
...	7	19	.... PTS
9	...	15	.... PTS
...	9	19	.... PTS
5	...	...	28 PTS
5	11	...	.... PTS
7	...	29	.... PTS

Football Fun Fact #7
The first professional league was created in 1888, in England.

EAELDR
□□□□□□
        10

GEUAEL
□□□□□□
       8

INEL
□□□□
   6

LUTEREEABKHSR
□□□□□□   □□□   □□□□□
12 13   16   4

CTAHC
□□□□□
  5 15

IACONPHM
□□□□□□□□
         14

SPHIPHANOMIC
□□□□□□□□□□□□
        11

WRAFDOR
□□□□□□□

UTNEAENB
□□□□□□□□
2 3   7

DISIIVSTFINRO
□□□□□ — □□□□□□□□
    9   1

□□□□□□□□□□□'   □□□□□
1 2 3 4 5 6 7 8 9 10 11   12 13 14 15 16

Design Your Own Kits

Home

Third Kit

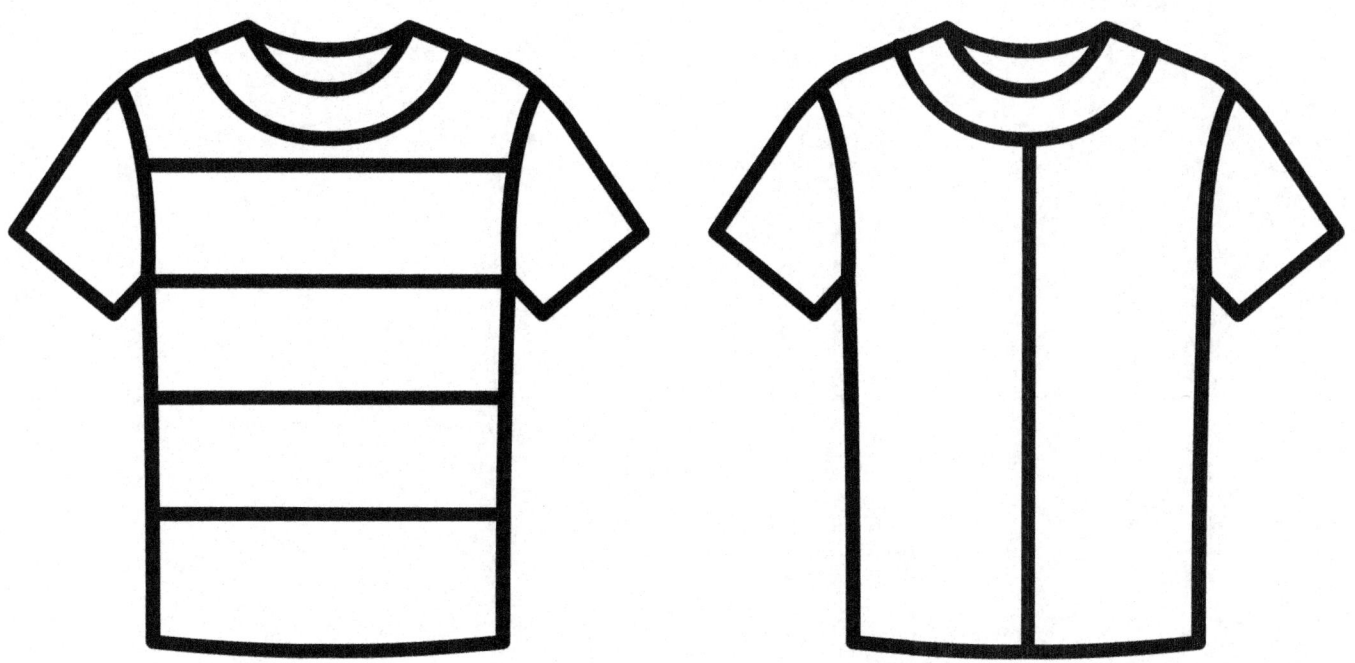

Away

Goalkeeper Kit

Clapping
Clean Sheet
Clearance
Clipboard

Club Doctor
Club Shop
Coach
Coin-toss

Commentary Box
Cone
Corner
Cross

9 WORD SEARCH

```
Y B R U O B W C F R C K C F S
O Y L V M Z C L R B L K O K Z
U O C L E A R A N C E K M M F
K G L O T Y O P V L A F M T A
U D U Y N Y S P Q I N D E V H
Y D B X X E S I P P - Z N E Q
S L - Q C O C N X B S G T E P
R V D L Q L G G X O H J A F K
A J O B C S U K H A E O R S V
L M C P O Q K B C R E C Y G J
P F T Y R X C W - D T U - J Y
I C O I N - T O S S K Q B R F
O R R F E Z U P A Z H B O I Z
K C U R R Z B K I C N O X A O
T A L D M G I L Z E H B P D F
```

10 WORD SEARCH

```
G V D D Y D R I B B L E C Q X
L E R E L R T W L N Q R N C W
I R E F Y O C U P T H M Q S G
I G S E H P I R K A L X G S O
G F S N J - K N O E V Y N J L
F L I S A B H Z N S N O L M Y
R D N I Y A D E K M S L C T L
U N G V Q L E I C H N B F D R
R F - E W L F W V A W H A D C
B X R - K S E H B I H O G R L
I T O W J N N K Q A S L X A K
E R O A Z D K U V T I U W H
Y H M L C P J F J S M O L I
D R I L L S R O B D I V I N G
C D E R B Y X J H D U G V O Z
```

Crossbar
Cup
Defender
Defensive Wall

Derby
Diving
Division
Draw

Dressing Room
Dribble
Drills
Drop-ball

Groundsmen
Group Stage
Half Time
Handball

Hat trick
Header
Home
Hurdle

Injury
Keepy-uppy
Kickoff
Kit Man

⑪ WORD SEARCH

```
G E R A A K A R W Y L A X N I
W A Y U L W U Y D A F K M U U
J R H O Q W F K I C K O F F A
R A A N N R K E I O H F B B I
Q B G R O U P - S T A G E Z U
L G O Z V H A L F - T I M E Z
N W C P U K E E P Y - U P P Y
T J X L Q M Z G T K T I H H T
W H A N D B A L L Q R E L S M
S U E P H U I N E Q I R A W A
M R Q A L B N Q K F C I P L I
K D H O D L J E Y V K D H E V
C L D Q W E U E M O T U O Z Z
J E T Y S G R O U N D S M E N
W F D L K W Y V H D I H E S J
```

⑫ WORD SEARCH

```
O W L T Q H W W T H Z H J K A
D G L O S E W D B G Z W V M Z
Z F I A K L M M X B D Y G I P
E X N M E D I C A L O S N D P
E M E D I C S N C R K M F F X
T T S J G Y S Q E F K E Y I C
P Z M Q T Q C V M W G G W E I
C M A S C O T U V G R A E L P
L A N C W M P B G L R P E D Y
K N Y A E A F H V B L H T E U
S A F E J O Q Y N Z H O L R P
P G N Z T N A R K Q E N H Y V
L E A G U E - T A B L E Y I Y
U R Q Z W D E R K Q I G N P N
D E R Y I N E G S G D Q U P K
```

League Table
Line up
Linesman
Lose

Manager
Mark
Mascot
Medical

Medics
Megaphone
Midfielder
Miss

⑬ WORD SEARCH

Obstruction
Offside
Open Goal
Opponent

Out Of Play
Own Goal
Pass
Penalty

Physio
Pitch
Player
Pole

```
P M C P E N A L T Y O X J U Y
P R H I O B S T R U C T I O N
G A M T P L A Y E R L V S H P
J Q L C P F E M H O Y O R P H
D X D H O U T - O F - P L A Y
P D W B N L V W F F A E O S S
Q D B G E Z O V E S R N T S I
S H R I N B M J Z I U - Q G O
F W U Z T N L E O D Q G P Q R
S S N J Y N T C M E M O E L H
M N A Z L W K K I L H A G H L
D Q P A O W N - G O A L D B Q
Y Q N C L L B N U T R J R B X
E P F S G H K H G D R C Q M W
L A J R O W M X Z L I X N R P
```

⑭ WORD SEARCH

Portable Goal
Possession
Promotion
Punch

Pushing
Qualifiers
Quarter-finals
Red Card

Referee
Relegation
Reserves
Restart

```
Z T U M M P N D Q X Z R I W P
I H C F B C J P U S H I N G C
I E P C R E S T A R T O Y L T
N D K T P O R I L F N H C U O
I H K A U O E W I C K X P M K
R D H Y N X S K F A P W R K A
P R E L C N E S I R X C O A A
C P Y Y H I R R E D U T M B U
O F E A Z I W R S Z D O V R
R E F E R E E X S P S Q T X B
E X D W W D S U J X K I I U S
E Z D D R E L E G A T I O N J
V I E W O S V O N U H J N N C
N Q U A R T E R - F I N A L S
Z B P O R T A B L E - G O A L
```

Score a Goal

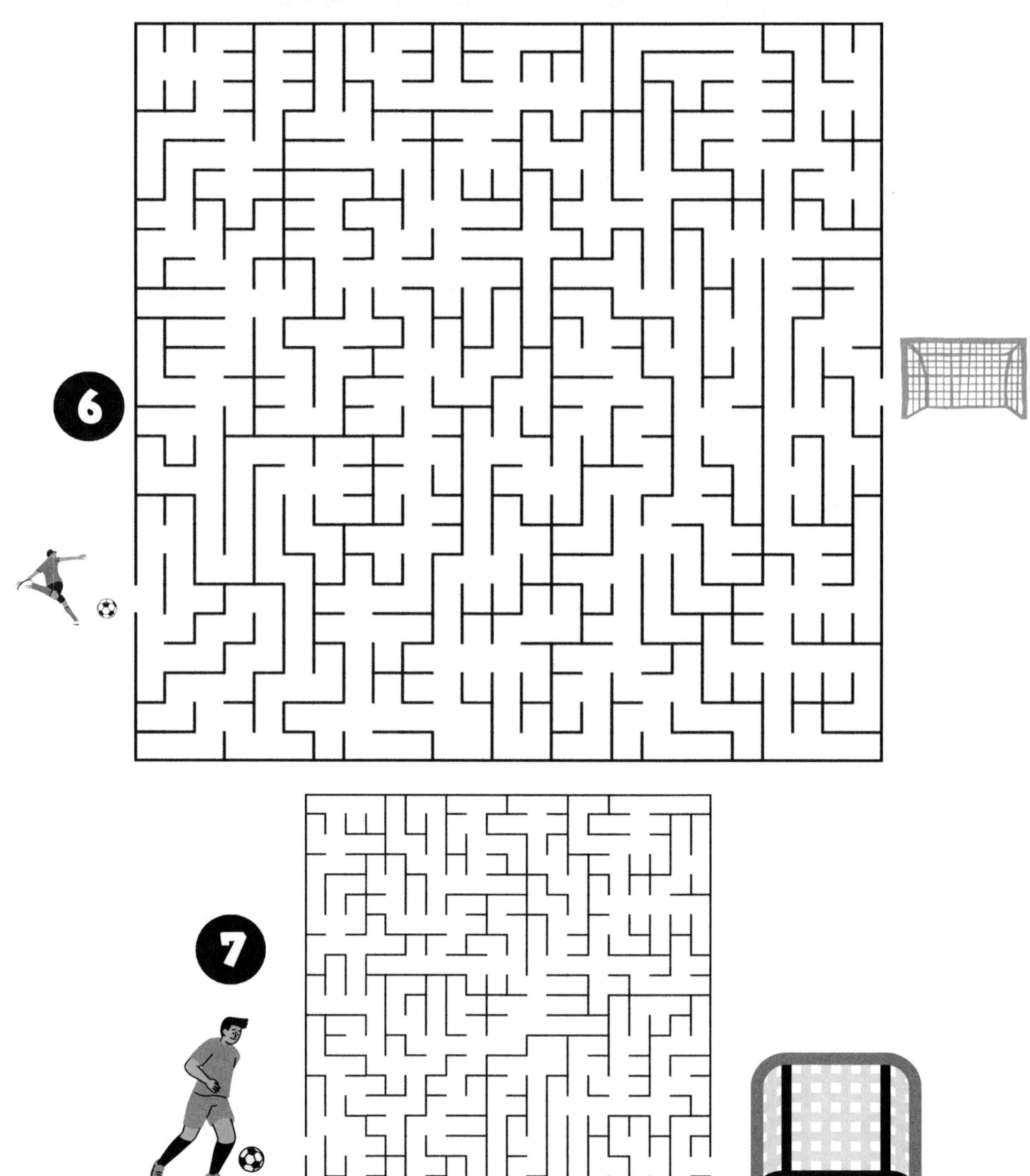

Calculate the goal difference

GF	GA	GD
99	26	...
...	26	68
76	...	43
69	40	...
...	48	13
...	57	0
60	...	9
62	59	...

Fill Anagrams

11

A	B	C	D	E	F	G	H	I	J	K	L	M	N	O	P	Q	R	S	T	U	V	W	X	Y	Z

`26 19 13 20 17   26 23 25 6   17 10 19 13 11`

12

A	B	C	D	E	F	G	H	I	J	K	L	M	N	O	P	Q	R	S	T	U	V	W	X	Y	Z

`23 13 17   6 12 11 14 17 23 23 17`

13

A	B	C	D	E	F	G	H	I	J	K	L	M	N	O	P	Q	R	S	T	U	V	W	X	Y	Z

`10 26 3   18 9 25 25 15 13 1 20`

14

A	B	C	D	E	F	G	H	I	J	K	L	M	N	O	P	Q	R	S	T	U	V	W	X	Y	Z

`19 17   2 4 17 4 22 20 5 7 18 23 22 17`

15

A	B	C	D	E	F	G	H	I	J	K	L	M	N	O	P	Q	R	S	T	U	V	W	X	Y	Z

`26 6 8   21 19 11 8   16 6 20 26`

Football Fun Fact #8
The length of a football pitch ranges between 100 yards and 130 yards, while the width ranges between 50 yards and 100 yards.

Across

2. in football, a kick in which a player jumps backwards into the air and then kicks the ball when it is above their head
6. the goal posts are the two verticals poles that support and attach to the cross bar section of the football net
8. this phrase means a player has scored three goal in a single match
10. when an attempt to score is unsuccessful because a goalie prevented the ball from entering the goal

Down

1. kicking the ball in the air before it has a chance to hit the ground
3. a ... has been accomplished when the combined efforts of the goalie and the defensive players have allowed no goals
4. when the first or second half of a football match begins, the ... is started directly in the middle of the pitch
5. a big part of the strategy of winning football is the way the players are positioned on the pitch
7. the horizontal bar that connects the two side posts of the football goal
8. the word used to describe striking the ball with a part of the head

15
WORD SEARCH

```
W I J C Q S I D E - F O O T Q
K O Z X R E H T P S C O R E N
V G P B W N R O L H C S A G U
S F F N V D F G T I X A S W O
N E H D L I M E P R U S R U B
H V W Z F N D S F T L C E F E
S H C H Y G K E E A E O S S K
W H W R H - S M K U S R U G Y
N L O M Z O R I Y K Q E L W Z
D R G R S F G - K X J B T S G
M A X J T F Y F E Q N O D O L
K Z M R W S H I N - P A D S P
H H L U J A I N S G E R P Z B
I N K A Z V M A M O D D B M I
W N H O T E S L U A J U P C H
```

Result   **Scoreboard**   **Shirt**
Save   **Semi-final**   **Shorts**
Scarf   **Sending Off**   **Shot**
Score   **Shin Pads**   **Side-foot**

⑫ WORD SEARCH

Singing
Socks
Spectator
Spitting

Sponsor
Stadium
Stands
Stewards

Stopwatch
Strategy
Stretcher
Stretching

```
L P A D Z A C E V S K Q B J L
S T R E T C H I N G G S S W Q
D T N F V Q S D W H L S K V I
B K A M Y Z Z Y P M G T F E H
V E Z N B Q V F V S X R J S E
M H W G D W J H P H A A Z T Z
H S S Y B S P E C T A T O R R
H Z R I W P Z W S G V E P E P
M S I N G I N G T S J G M T C
T M R B J T P W E T Y Y O C A
V F A T S T O P W A T C H H X
C H U A O I Q J A D N D K E X
J Q O R C N Z U R I Q M W R O
F A W S K G B K D U B C I B T
S P O N S O R W S M M X N I S
```

⑬ WORD SEARCH

Striker
Studs
Substitute
Substitution

Suspension
Tackle
Tactics
Team

Team Colours
Terrace
Three Points
Throw-in

```
J M X X M R J T E R R A C E Z
R A X S P E W H M R T X I J C
Z D J U J Q Z R E H A D Q P C
G K Q B W B T E A M C C O H V
I X F S R M Y E F P K R A B E
A W G T E A M - C O L O U R S
D O G I N M C P V A E K U I U
G Q Q T T H R O W - I N U U C
G R S U B S T I T U T E F D S
E A T T Z R M N Q O X G N K S
M V U I R B U T A C T I C S S
N W D O V I W S E D Y Y A F H
C T S N F A K Z W C M M K I K
W W C S U S P E N S I O N H W
X D Y T H O E I R I V Z X B S
```

ITAADXDEREMT

☐☐☐ ☐☐☐☐☐ ☐☐☐☐
           6

AEDEUCIN

☐☐☐☐☐☐☐☐
 8   10

RRBSOACS

☐☐☐☐☐☐☐☐

LOFICFAGEEREND

☐☐☐ ☐☐☐☐☐☐☐☐☐☐
  5

LAHEFIMT

☐☐☐☐☐☐☐
 11

POEPNOTN

☐☐☐☐☐☐☐☐
 1

EKANKLYITPC

☐☐☐☐☐☐☐ ☐☐☐☐
   4 7

FREEERE

☐☐☐☐☐☐☐
 2

OESGLEDCN

☐☐☐☐☐☐ ☐☐☐
    3

RUPMAW

☐☐☐☐ ☐☐
  9

☐☐☐☐☐☐☐ ☐☐☐☐
1 2 3 4 5 6 7   8 9 10 11

Ticket
Time Wasting
Toe Punt
Toss-up

Touch
Tracksuit
Trainer

Training
Transfer
Trick
Tripping

⑭ WORD SEARCH

```
I E U W W B S R R P H B T R O
T S K L W T I D D W Q V Y C N
T R I P P I N G M A L N G L Y
M R T O U C H E L S X A U O I
Y Y A O P N J V T T E U C D O
I X A I S B T R A I N E R Q G
A D P T N S E F D N M U U I S
C O H R R I - M L G B E F Z E
F B M A C A N U Y S J I Z Y N
Y K N C E W N G P X F K C U E
T I C K E T U S A D C F V Q C
G O S S A W L F F N A R L V V
V W E U V T R A C E Q O W U W
J B G I M Z V N O T R I C K R
W R U T Y O C Z I W O Z G Z I
```

⑮ WORD SEARCH

```
I U N B X P H L P N X Y A U A
B A C W S N D V P N V E A N A
M A R R O T I W Y P F L E T B
R O H G F J X A Q Y P L J H L
W M F A U G W V X C V O G Y P
W G L B N S C I K X O W R Z L
M G H H D W I N N Q L - Q Q W
K O K T E H K G D G L C X V A
T P T U R N S T I L E A Z H R
R V S N D O Z L A T Y R I F M
N N R N O S P H Z J G D X S -
P H M E G V W H I S T L E K U
E O V L I E X J Y V K H P P P
T H W H W H K X B S P C D N O
V W J A F Z I U W E L E I E S
```

Trophy
Tunnel
Turnstile
Underdog

Volley
Warm-up
Waving

Whistle
Win
Winger
Yellow Card

SOLUTIONS

Can You Name This Positons?

                  FORWARD/   **FORWARD/**
                   STRIKER   **STRIKER**

LEFT MIDFIELD   **CENTRE MIDFIELD**   **CENTRE MIDFIELD**   **RIGHT MIDFIELD**

LEFT-BACK   **CENTRE-BACK**   **CENTRE-BACK**   **RIGHT-BACK**

GOALIE

4-4-2

WORD SEARCHES

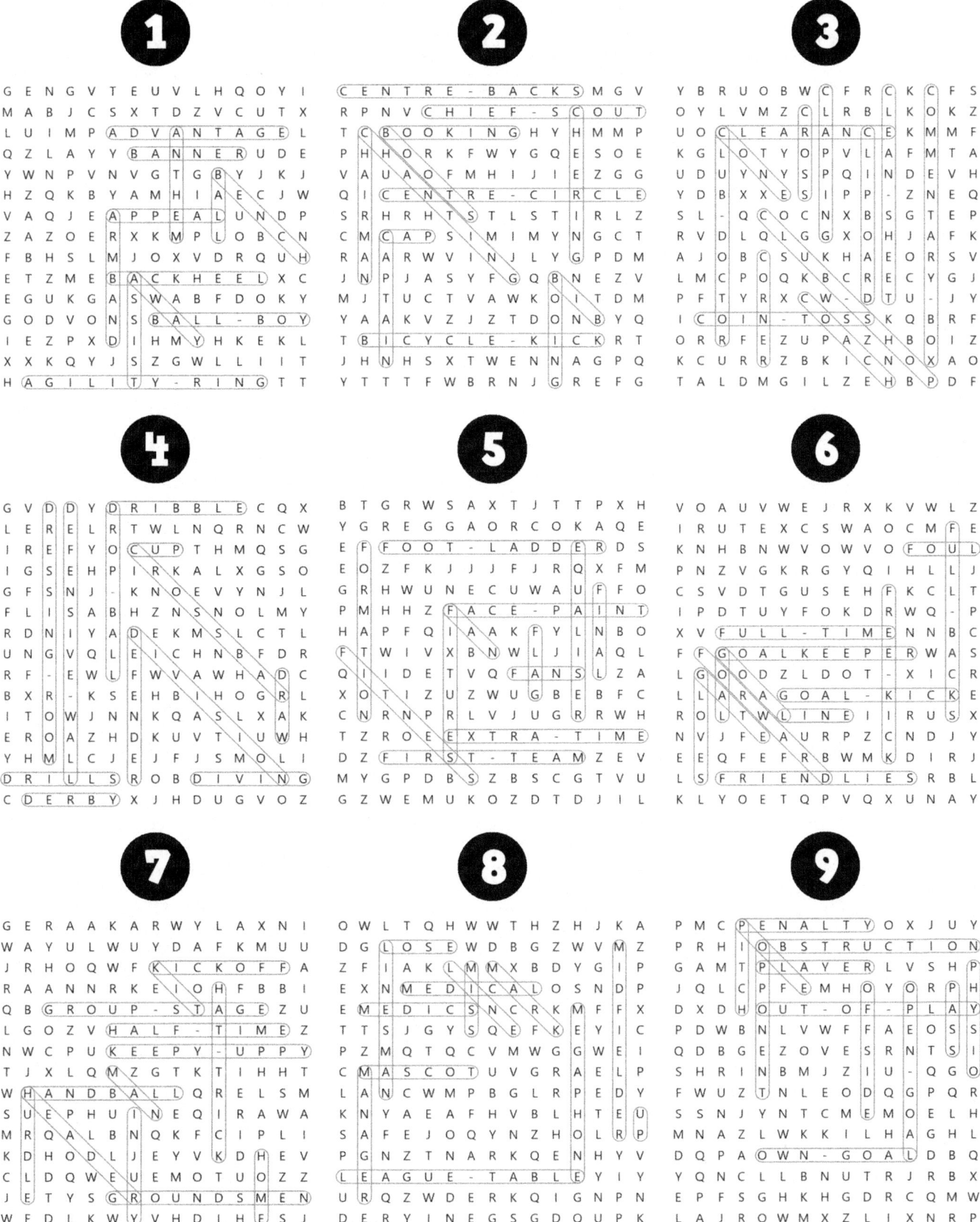

WORD SEARCHES

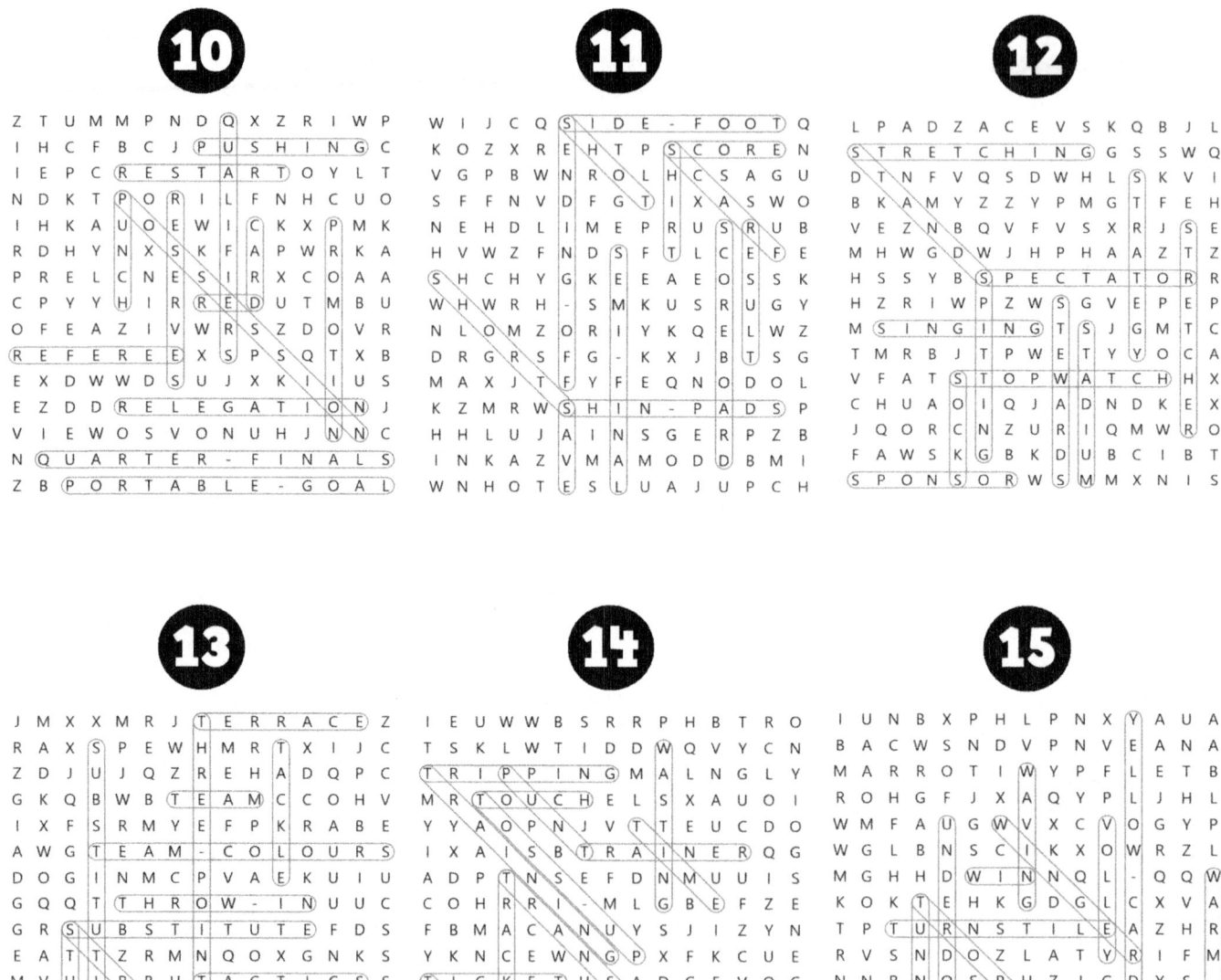

Fill Cryptograms

1.

A	B	C	D	E	F	G	H	I	J	K	L	M	N	O	P	Q	R	S	T	U	V	W	X	Y	Z
25	19	6	15	10	7	9	8	1	23	20	12	13	3	21	4	22	16	18	17	14	11	8	5	24	2

T H E   S C I S S O R   K I C K
17   2   10   16   6   1   16   16   3   12   20   1   6   20

2.

A	B	C	D	E	F	G	H	I	J	K	L	M	N	O	P	Q	R	S	T	U	V	W	X	Y	Z
5	3	13	20	22	24	17	2	10	6	1	15	14	25	8	11	9	7	21	12	16	23	26	4	2	18

T H E   R A B O N A
12   17   20   15   8   5   25   19   8

3.

A	B	C	D	E	F	G	H	I	J	K	L	M	N	O	P	Q	R	S	T	U	V	W	X	Y	Z
7	11	8	19	14	15	15	9	16	1	24	12	20	3	4	5	26	23	21	17	13	2	6	10	25	22

T H E   E L A S T I C O
17   9   14   14   12   7   21   17   16   8   4

4.

A	B	C	D	E	F	G	H	I	J	K	L	M	N	O	P	Q	R	S	T	U	V	W	X	Y	Z
18	19	20	16	24	7	13	25	21	17	15	22	8	3	9	2	12	18	3	10	26	1	6	4	14	11

T H E   R A I N B O W
10   25   24   3   18   21   1   19   9   6

5.

A	B	C	D	E	F	G	H	I	J	K	L	M	N	O	P	Q	R	S	T	U	V	W	X	Y	Z
11	13	6	1	10	25	5	3	18	26	23	8	12	23	21	20	16	1	4	19	14	9	24	22	7	17

T H E   K N U C K L E B A L L   F R E E   K I C K
19   3   10   26   23   14   6   26   8   10   13   11   8   8   25   2   10   10   26   15   6   26

Fill Cryptograms

6

A	B	C	D	E	F	G	H	I	J	K	L	M	N	O	P	Q	R	S	T	U	V	W	X	Y	Z
16	25	24	1	5	23	2	15	19	3	14	12	18	4	11	13	10	20	21	9	22	16

T H E   S C O R P I O N   K I C K
13 2 1   11 24 18 4 7 15 18 12   3 15 24 3

7

A	B	C	D	E	F	G	H	I	J	K	L	M	N	O	P	Q	R	S	T	U	V	W	X	Y	Z
14	21	10	19	6	1	3	18	16	22	2	24	17	26	14	5	9	4	23	18	11	20	15	7	8	13

T H E   P A N E N K A
18 3 6   26 14 17 6 17 22 14

8

A	B	C	D	E	F	G	H	I	J	K	L	M	N	O	P	Q	R	S	T	U	V	W	X	Y	Z
15	13	12	11	21	4	1	10	25	22	8	18	17	4	10	23	24	7	14	1	26	2	20	19	5	6

T H E   S T E P - O V E R
1 10 21   14 1 21 23 - 16 2 21 7

9

A	B	C	D	E	F	G	H	I	J	K	L	M	N	O	P	Q	R	S	T	U	V	W	X	Y	Z
17	1	16	5	21	24	7	1	8	23	2	11	25	18	4	6	26	22	17	10	19	15	14	9

T H E   B A C K - H E E L
20 7 21   3 13 16 23 - 7 21 21 2

10

A	B	C	D	E	F	G	H	I	J	K	L	M	N	O	P	Q	R	S	T	U	V	W	X	Y	Z
2	12	24	4	23	20	14	22	17	3	10	15	26	21	16	9	1	18	11	10	25	6	7	19	8

S E A L   D R I B B L E
18 23 2 20   4 1 17 12 12 20 23

Fill Cryptograms

11.

A	B	C	D	E	F	G	H	I	J	K	L	M	N	O	P	Q	R	S	T	U	V	W	X	Y	Z
24	21	18	8	3	26	2	10	25	5	14	23	15	20	13	16	4	19	7	17	22	12	11	22	1	9

F R O N T - F L I P   T H R O W
26 19 13 20 17   26 23 25 6   17 10 19 13 11

12.

A	B	C	D	E	F	G	H	I	J	K	L	M	N	O	P	Q	R	S	T	U	V	W	X	Y	Z
16	22	21	8	17	3	25	13	24	5	14	10	15	12	6	20	4	22	11	2	18	9	13	15	7	26

T H E   R O U L E T T E
23 13 17   6 12 11 14 17 23 23 17

13.

A	B	C	D	E	F	G	H	I	J	K	L	M	N	O	P	Q	R	S	T	U	V	W	X	Y	Z
13	15	1	24	7	19	28	26	17	10	11	14	8	15	27	7	5	20	3	12	16	21	4

T H E   P U L L B A C K
10 26 3   18 9 25 25 15 13 1 20

14.

A	B	C	D	E	F	G	H	I	J	K	L	M	N	O	P	Q	R	S	T	U	V	W	X	Y	Z
17	1	2	12	5	24	6	22	18	21	25	19	8	26	15	10	13	20	4	7	16	3	11	14

L A   C U A U H T E M I N H A
19 17   2 4 17 4 22 20 5 7 18 23 22 17

15.

A	B	C	D	E	F	G	H	I	J	K	L	M	N	O	P	Q	R	S	T	U	V	W	X	Y	Z
19	2	14	3	21	27	6	24	9	11	15	13	25	20	18	15	1	16	26	6	17	22	4	5	10

T H E   F A K E   S H O T
26 6 8   21 19 11 8   16 6 20 26

Quiz

1. Dixie Dean
2. from Manchester
3. 22
4. 1863
5. 49
6. Premier League
7. three
8. 45 minutes
9. 2 yellow card
10. bicycle kick
11. FA Cup
12. 20 clubs
13. Slip-in Shin Guards
14. Wayne Rooney
15. derby
16. grass
17. 8 feet
18. 22 players
19. football boots
20. start with kick-off
21. It's called offside
22. assistant referees
23. 18 yards
24. 3 blows
25. 12 yard
26. indirect free kick
27. 24 feet x 8 feet
28. size 5

Score a Goal

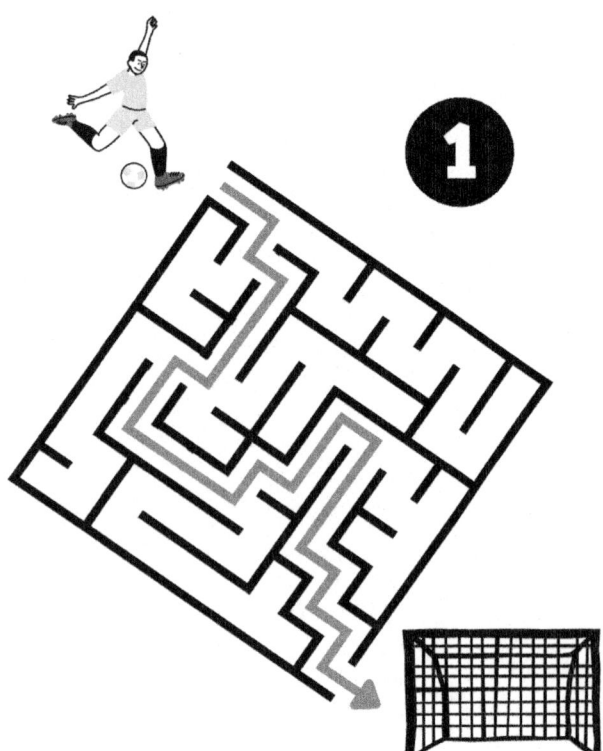

Find a Matching Shadows

Football Math

Total Shots — 17	Total Shots — 23
Shots on Target — 8	Shots on Target — 14
Shots off Target — 11	Shots off Target — 9
Total Shots — 27	Total Shots — 11
Shots on Target — 9	Shots on Target — 3
Shots off Target — 18	Shots off Target — 8
Total Shots — 22	Total Shots — 31
Shots on Target — 8	Shots on Target — 13
Shots off Target — 14	Shots off Target — 18

W	D	L	38 matches
29	6	3	93 PTS
28	8	2	92 PTS
21	11	6	74 PTS
22	5	11	71 PTS
22	3	13	69 PTS
16	10	12	58 PTS
16	8	14	56 PTS
14	10	14	52 PTS
12	15	11	51 PTS
15	6	17	51 PTS
13	10	15	49 PTS

W	D	L	
11	15	12	48 PTS
13	7	18	46 PTS
13	6	19	45 PTS
9	13	16	40 PTS
11	6	21	39 PTS
9	11	18	38 PTS
7	14	17	35 PTS
6	5	27	23 PTS
5	7	26	22 PTS

W	D	L	
27	5	6	86 PTS
21	11	6	74 PTS
20	9	9	69 PTS
19	10	9	67 PTS
20	6	12	66 PTS
19	8	11	65 PTS
18	8	12	62 PTS
18	7	13	61 PTS
18	5	15	59 PTS
17	8	13	59 PTS
16	7	15	55 PTS

W	D	L	
12	9	17	45 PTS
12	9	17	45 PTS
12	8	18	44 PTS
12	7	19	43 PTS
9	14	15	41 PTS
10	9	19	39 PTS
5	13	20	28 PTS
5	11	22	26 PTS
7	2	29	23 PTS

Sudoku

1

4	2	1	3
1	3	4	2
2	1	3	4
3	4	2	1

2

3	1	2	4
2	4	3	1
4	3	1	2
1	2	4	3

3

2	3	4	1
4	1	2	3
1	2	3	4
3	4	1	2

4

3	2	4	1
4	1	3	2
2	4	1	3
1	3	2	4

5

2	3	4	1
1	4	2	3
4	1	3	2
3	2	1	4

6

3	2	1	4
1	4	3	2
4	1	2	3
2	3	4	1

7

1	4	2	6	5	3
5	6	3	4	1	2
4	1	5	2	3	6
2	3	6	1	4	5
3	2	1	5	6	4
6	5	4	3	2	1

8

5	6	4	3	1	2
1	3	2	6	4	5
2	4	1	5	6	3
3	5	6	1	2	4
6	2	5	4	3	1
4	1	3	2	5	6

9

6	5	4	2	1	3
3	1	2	5	6	4
4	6	5	3	2	1
1	2	3	6	4	5
5	4	6	1	3	2
2	3	1	4	5	6

❿

6	4	5	3	1	2
3	2	1	6	4	5
5	1	2	4	6	3
4	6	3	2	5	1
1	3	4	5	2	6
2	5	6	1	3	4

⓫

6	2	3	5	4	1
5	4	1	6	3	2
3	1	2	4	6	5
4	6	5	1	2	3
2	5	6	3	1	4
1	3	4	2	5	6

⓬

1	6	5	4	2	3
2	3	4	1	5	6
3	5	2	6	4	1
6	4	1	5	3	2
5	2	6	3	1	4
4	1	3	2	6	5

⓭

7	4	5	9	3	8	6	1	2
8	3	2	4	6	1	7	9	5
6	1	9	7	5	2	4	8	3
4	7	1	5	9	3	2	6	8
5	9	6	2	8	4	3	7	1
3	2	8	1	7	6	9	5	4
1	5	7	3	4	9	8	2	6
2	6	3	8	1	7	5	4	9
9	8	4	6	2	5	1	3	7

⓮

6	3	2	9	4	7	1	8	5
7	5	1	6	2	8	9	3	4
8	9	4	3	1	5	7	2	6
5	2	9	4	3	1	8	6	7
3	6	7	8	9	2	5	4	1
4	1	8	5	7	6	2	9	3
2	4	5	7	6	9	3	1	8
1	8	6	2	5	3	4	7	9
9	7	3	1	8	4	6	5	2

⓯

8	6	2	5	7	3	9	4	1
7	3	5	9	4	1	6	8	2
1	9	4	8	6	2	7	3	5
4	2	1	6	5	8	3	7	9
6	7	8	3	2	9	1	5	4
9	5	3	4	1	7	2	6	8
3	4	9	1	8	6	5	2	7
5	1	7	2	3	4	8	9	6
2	8	6	7	9	5	4	1	3

⓰

5	2	6	9	4	3	7	8	1
4	7	9	6	1	8	5	2	3
1	8	3	5	7	2	6	4	9
6	1	4	8	3	9	2	5	7
7	9	5	2	6	4	3	1	8
8	3	2	1	5	7	4	9	6
9	5	8	7	2	6	1	3	4
2	4	7	3	9	1	8	6	5
3	6	1	4	8	5	9	7	2

⓱

2	6	4	1	8	7	5	9	3
7	1	5	3	2	9	4	8	6
8	3	9	5	6	4	7	1	2
4	8	2	7	9	6	1	3	5
9	5	3	8	4	1	2	6	7
6	7	1	2	5	3	8	4	9
3	4	7	9	1	5	6	2	8
5	2	6	4	3	8	9	7	1
1	9	8	6	7	2	3	5	4

⓲

2	8	7	3	5	4	6	9	1
9	1	4	2	8	6	3	5	7
3	5	6	7	1	9	8	2	4
7	6	3	9	4	2	5	1	8
8	4	1	5	3	7	2	6	9
5	2	9	8	6	1	4	7	3
6	9	5	4	7	3	1	8	2
4	7	8	1	2	5	9	3	6
1	3	2	6	9	8	7	4	5

DOUBLE PUZZLE

TFLOLAOB
F O O T B A L L

EEORELGAPK
G O A L K E E P E R

EFNRDDEE
D E F E N D E R

TERKSRI
S T R I K E R

RMLEFIEDDI
M I D F I E L D E R

GOALNWO
O W N   G O A L

HICTKTAR
H A T - T R I C K

LBTAOOCPLIFTH
F O O T B A L L   P I T C H

QLANURTAIFER
Q U A R T E R - F I N A L

EMIASLFIN
S E M I - F I N A L

NFALI
F I N A L

I L O V E   F O O T B A L L

DOUBLE PUZZLE

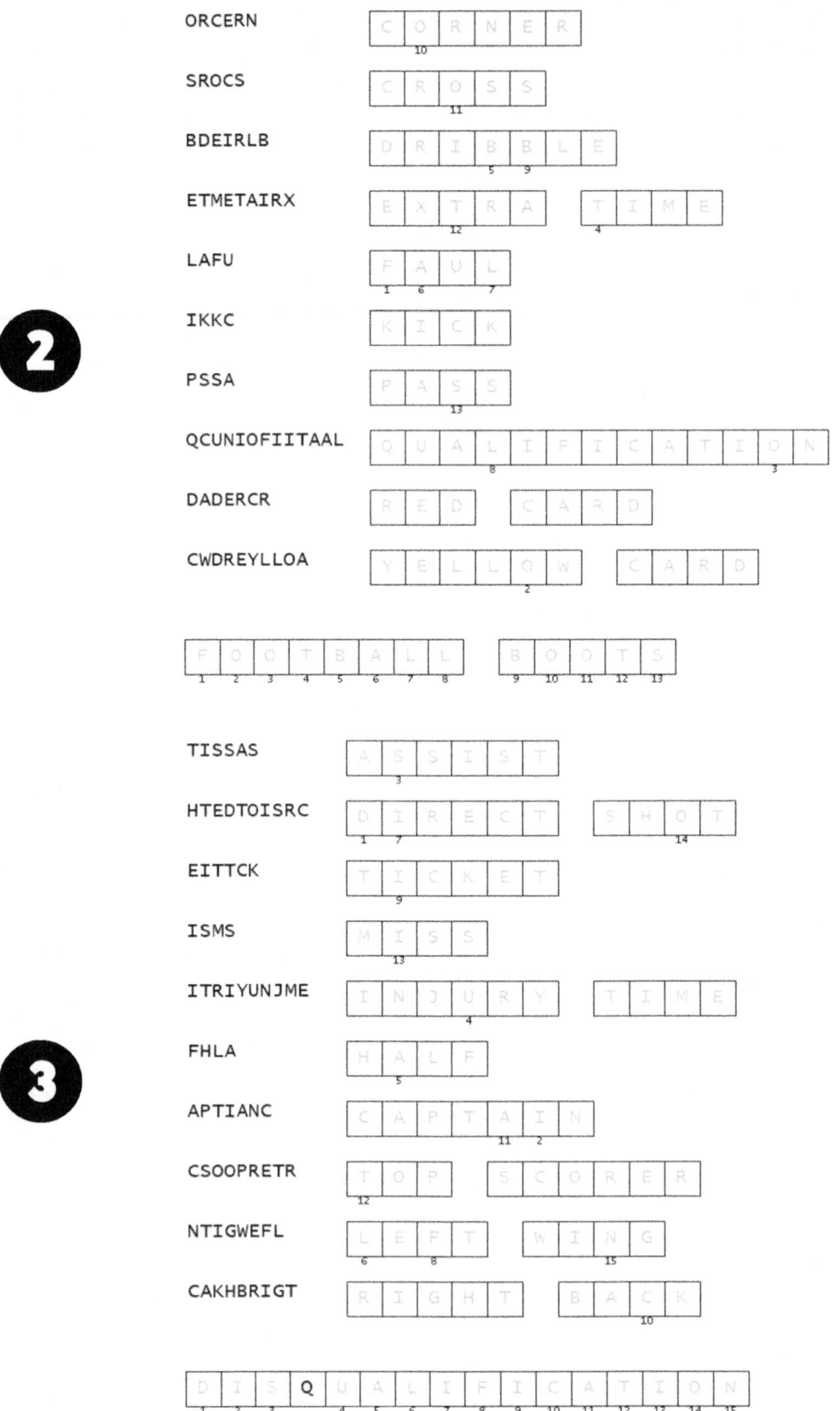

4

EAELDR
LEADER

GEUAEL
LEAGUE

INEL
LINE

LUTEREEABKHSR
BREAK THE RULES

CTAHC
CATCH

IACONPHM
CHAMPION

SPHIPHANOMIC
CHAMPIONSHIP

WRAFDOR
FORWARD

UTNEAENB
UNBEATEN

DISIIVSTFINRO
FIRST - DIVISION

SUBSTITUTES' BENCH

5

ITAADXDEREMT
ADD EXTRA TIME

AEDEUCIN
AUDIENCE

RRBSOACS
CROSSBAR

LOFICFAGEEREND
GOAL DIFFERENCE

LAHEFIMT
HALFTIME

POEPNOTN
OPPONENT

EKANKLYITPC
PENALTY KICK

FREEERE
REFEREE

OESGLEDCN
SECOND LEG

RUPMAW
WARM UP

PENALTY AREA

CROSSWORDS

CROSSWORDS

FALLEN PHRASE PUZZLE

1

ORIGINALLY, FOOTBALLS WERE MADE OF LEATHER OR OTHER SUITABLE MATERIALS.

2

THE FIRST FOOTBALL MATCH BROADCAST IN COLOUR WAS IN 1969

3

AS ADEMA OF MADAGASCAR WON 149-0 AGAINST STADE OLYMPIQUE DE L'EMYRNE IN 2002. THE GOALS WERE SCORED AS OWN GOALS BY STADE OLYMPIQUE DE L'EMYRNE IN PROTEST AGAINST REFEREEING DECISIONS

FALLEN PHRASE PUZZLE

4

FOOTBALL IS THE MOST POPULAR GAME IN THE WORLD

5

THE FIRST LIVE BROADCAST OF A FOOTBALL MATCH WAS IN 1937.

6

THE WORLD'S FIRST FOOTBALL TEAM. SHEFFIELD FOOTBALL CLUB, FOUNDED IN 1857.

7

FASTEST GOAL SCORED IN FOOTBALL WAS SCORED 2.8 SECONDS AFTER THE START OF A MATCH.

FALLEN PHRASE PUZZLE

8

AVERAGE FOOTBALLER (WITH OBVIOUS EXCEPTION TO THE GOALKEEPER) COVERS A DISTANCE OF 7 MILES (11.2 KM) IN MATCH.

9

ONLY 2 COUNTRIES IN THE WORLD - USA AND CANADA - CALL FOOTBALL "SOCCER".

10

THE VERY FIRST OFFICIAL, INTERNATIONAL, MATCH OF FOOTBALL WAS PLAYED ON THE 30TH OF NOVEMBER 1872 BETWEEN ENGLAND AND SCOTLAND. THE MATCH WAS ATTENDED BY 4,000 PEOPLE AND RESULTED IN A DRAW WITH THE FINAL SCORE OF 0-0.

Type name of countires below:

1) France
2) Norway
3) Germany
4) Portugal
5) Great Britain
6) Switzerland
7) Czechia
8) Italy
9) Turkey
10) Romania
11) Poland
12) Hungary
13) Ireland
14) Sweden
15) Denmark
16) Finland
17) Spain
18) Greece
19) Austria
20) Netherlands

Offside or not?

1 YES **2** NO **3** NO **4** NO

MAZES

Thank you for choosing our product!

Please leave us an honest review

Printed in Great Britain
by Amazon